U0580882

# 省际边界地区区域中心
# 城市建设研究

崔 鹏 著

科学出版社

北 京

## 内 容 简 介

本书以我国省际边界地区为研究对象，以促进省级行政区边界地区城市与区域协调发展为目标，探索基于协调发展理念的城市与区域互动发展、区域中心城市对省际边界地区发展的带动作用等问题，提出省际边界地区区域中心城市职能体系构建的理论框架，确立省际边界地区区域中心城市的遴选、评价方法；并以山西、陕西、河南三省交界地区为研究区域，提出中西部欠发达地区省际边界地区区域中心城市建设的基本思路，为探索我国中西部省际边界地区发展模式和发展路径提供借鉴。

本书可供人文地理、区域经济、城乡规划等相关领域科研人员、高校师生参考使用，也可作为政府国土空间、城乡规划管理人员的业务指导用书。

**图书在版编目(CIP)数据**

省际边界地区区域中心城市建设研究 / 崔鹏著. —北京：科学出版社，2020.4

ISBN 978-7-03-064167-0

Ⅰ.①省…　Ⅱ.①崔…　Ⅲ.①城市建设–研究–中国　Ⅳ.①F299.27

中国版本图书馆 CIP 数据核字（2020）第 017154 号

责任编辑：刘　超 / 责任校对：樊雅琼
责任印制：吴兆东 / 封面设计：无极书装

科 学 出 版 社 出版
北京东黄城根北街 16 号
邮政编码：100717
http://www.sciencep.com

北京虎彩文化传播有限公司 印刷
科学出版社发行　各地新华书店经销
*
2020 年 4 月第 一 版　开本：720×1000　1/16
2020 年 4 月第一次印刷　印张：10 3/4
字数：210 000
**定价：118.00 元**
（如有印装质量问题，我社负责调换）

# 前　言

　　区域发展不协调是我国经济社会发展面临的重大问题，从国家层面上看，主要表现在东、中、西区域发展差距大以及新出现的经济增长南北分化态势；从省域层面上看，区域发展不平衡通常存在于省内核心区域与边缘区域之间。省际边界地区是一种特殊的自然–经济地域单元，这部分地区受省内经济中心辐射作用明显弱于其他地区，加之省际行政管治所造成的要素流动障碍，使这部分地区经济社会发展较省内其他地区相对落后。在省际边界地区培育发展区域中心城市，并通过其聚集和扩散作用促进要素流动和优化配置，从而带动区域发展，是加快这部分地区发展的有效途径。

　　本书以促进省级行政区边界地区城市与区域协调发展为目标，从经济增长和社会发展两个视角提出"核心目标+基本职能+支撑保障"的省际边界地区区域中心城市职能体系构建的理论框架，建立城市功能综合评价–发展条件系统分析–城市影响范围分析的省际边界地区区域中心城市"遴选–评价"的方法，并以山西、陕西、河南（简称晋陕豫）三省交界地区为研究区域，提出中西部欠发达地区省际边界地区区域中心城市建设的基本思路。

　　本书强调省际边界地区区域中心城市在增强自身发展水平的同时，还必须充分发挥对省际边界地区的辐射带动作用，探索基于协调发展的城市与区域互动发展、区域中心城市带动省际边界地区发展等理论问题。在实践层面，研究开展省际边界地区区域中心城市的遴选、发展路径选择等研究，为我国中西部省际边界地区实现区域协调发展，缩小与其他区域的发展差距提供发展模式和发展路径借鉴。

作　者

2019 年 8 月

# | 目　　录 |

# 第1章　绪　论

## 1.1　研究背景

### 1.1.1　省际边界地区发展是区域协调发展的重要问题

省际边界地区作为我国行政区划分割比较严重的特殊类型区域，在我国经济、社会、生态建设中具有举足轻重的地位。我国有60余条总长度达 $5.2 \times 10^4 \mathrm{km}$ 的省际行政区陆路边界线，其两侧分布的县域行政单元总面积占我国近50%的陆地国土面积。我国省级行政区边界划分时较多考虑山脉、河湖等自然要素，通常以地理位置较为偏远的分水岭或河流为界。省际边界地区往往距离省级行政单位内大中城市较远，受省级行政单位内经济中心的辐射作用明显弱于其他地区。加之省际行政管辖之间的区际壁垒使区域发展要素流动受限，省际边界地区的经济社会发展较经济核心区差距较大已成为普遍现象。

党的十八届五中全会明确提出创新、协调、绿色、开放、共享的发展理念，为我国经济社会的发展指明了方向。省际边界地区发展的重要目标之一是协调发展，协调发展既是区域发展的一种手段，也是评价区域发展水平的重要标尺。省际边界地区的协调发展既要注重行政区边界地区发展机会公平和资源配置均衡，补齐行政区边界地区的发展短板，挖掘发展潜力、释放发展活力、增强行政区边界地区经济硬实力，还要注重提高区域软实力，不断提升区域发展的整体协调性。

晋陕豫三省交界地区地缘相近、文化相通、经济发展方式相似，是我国中部经济区与西部经济区的交错地带。长期以来，晋陕豫三省交界地区受黄河天然屏障阻隔、中西部经济区之间政策差别以及行政管理壁垒的影响，区域经济发展方式相对粗放，产业结构不合理，经济与环境之间的矛盾突出，三省交界地区的市（县、区）与各自省的整体发展水平差距显著。20世纪80年代中期，三省交界地区的市（县、区）为加强彼此之间的交流，开展经济合作，自发成立了"晋陕豫黄河金三角经济协作区"。2014 年 3 月，国务院批复《晋陕豫黄河金三角区域合作规划》，从国家层面推动三省交界地区的跨省合作发展，对于探索省际边界地区合作发展新路径，推动我国欠发达地区加快发展，促进区域一体化进程具有十分重要的意义。

省际边界地区要摆脱发展困境，既要提高与省域经济中心的关联度，接受更多来自省域经济中心的辐射和带动，也要形成能够带动区域自身发展的新增长极。晋陕豫三省交界地区既在我国中部崛起政策的适用范围内，也处于西部大开发的前沿，受到中原经济区和关中–天水经济区核心城市共同的辐射影响。但与此同时，晋陕豫三省交界地区也是占据我国中、西两大经济板块和中原、关中–天水两大经济区的边缘区位，受到的辐射也最弱。培育和构建晋陕豫三省交界地区的区域中心城市，通过"发展核心、带动边缘"来提升整个区域的内生发展能力，将成为晋陕豫三省交界地区发展的有效途径和长期战略。

## 1.1.2 中心城市是带动省际边界地区发展的持续引擎

区域中心城市是在一定区域范围内具备相对强的辐射、集散功能，能够引领区域发展的城市。在区域范围中，城市的生产效率一般会高于乡村地区，是投入产出比较高的地方。作为一定区域内增长核心的区域中心城市，其投入产出的效率则是该区域最高的地方。区域经济学认为，区域的发展要靠城市来带动，通过建设区域性的中心城市，可使市场对资源配置的作用得以更好地发挥，可以促进各种生产要素向重点区域集聚，从而促使区域内部生产效率实现最大化。

在我国多级带动的区域发展格局中，支撑区域发展的重要引擎往往是依托中心城市或者由若干个城市组成的城市群。目前，我国除了京津冀、长江三角洲、珠江三角洲等传统的区域增长极之外，长江中游城市群、中原城市群、海峡西岸城市群、长株潭城市群、山东半岛城市群、关中平原城市群等一批新的以区域中心城市或者以城市群为核心的区域增长极正在形成，区域中心城市对于区域的带动作用愈加明显，多极带动的区域发展格局初步形成。

以区域中心城市为核心的经济区，往往会跨越不同县级行政区、地级行政区甚至省级行政区，形成多层级、多行政单元的经济社会发展协作关系。省际边界地区受行政区边界效应的影响，区域发展长期以来缺乏统一的组织、协调机制，区域内的发展要素未能够得到优化配置而获得最大化的效益。而区域中心城市恰恰能够在省际边界地区发挥其对于区域发展要素的优化配置和协调作用，承担组织区域内相关城市围绕中心城市分工协作的角色。通过建设区域中心城市，强化中心城市的龙头带动作用，弱化行政区边界地区发展的行政壁垒，促进生产要素在经济区内的顺畅流动，推动行政区边界地区的经济发展向"经济区经济"转变。国内区域协调发展的实践也表明，在省际边界地区建设区域中心城市，通过城市与城市之间、城市与区域之间的分工协作，充分发挥不同城市的比较优势与互补性，在合作的过程中实现共赢并带动省际边界地区发展，是促进省际边界地区与其他地区协调发展的有效途径。

晋陕豫三省交界地区多数城市规模不大、实力不强、城市辐射带动能力小，尚未形成真正意义上能够跨行政区带动的区域中心城市。推进以区域中心城市为依托的晋陕豫三省交界地区发展，是顺应省际边界地区发展规律和晋陕豫三省交界地区实际情况的需要。近年来，国家高度重视区域协调发展，不断加大对西部地区以中心城市或城市群为依托的重点地区发展支持力度。晋陕豫三省交界地区应抓住国家促进区域协调发展和支持西部地区加快发展的机遇，立足区域内城市的发展基础和发展潜力，培育区域中心城市，使区域中心城市能够迅速壮大，功能也愈加完善，进而形成带动周边地区发展的区域增长极和区域服务中心。

## 1.2　研究目的与意义

### 1.2.1　研究目的

#### （1）界定省际边界地区区域中心城市职能构成与形成条件

省际边界地区是一种特殊的自然–经济地域单元，这类地区的发展相比于省内其他地区受到的限制因素更多，因此，省际边界地区应培育区域中心城市，以通过其聚集和扩散作用带动区域发展。通过研究省际边界地区的空间、经济和地理特征，界定省际边界地区区域中心城市职能构成，从而分析实现省际边界地区区域中心城市职能的条件，明确省际边界地区区域中心城市的发展目标。

#### （2）构建省际边界地区区域中心城市遴选及发展条件分析框架

区域中心城市是一定区域内发挥聚集、扩散作用的中心，在区域发展中起组织、带动、服务作用，也是区域和城市经济社会发展到一定阶段的产物。通过构建省际边界地区区域中心城市遴选及发展条件分析框架，提高省际边界地区区域中心城市选择的合理性、发展条件评价的系统性、建设路径的针对性和可行性。

**（3）探索省际边界地区区域中心城市建设路径**

本书通过实证研究遴选出晋陕豫三省交界地区具备成为区域中心城市潜力的城市，并以典型城市为例研究省际边界地区区域中心城市的构建路径，提高研究的可参考性，为我国中西部同类区域发展提供借鉴。

## 1.2.2　研究意义

**（1）理论意义**

区域发展不协调是我国经济社会发展面临的重大问题，从国家层面上看，主要表现在东、中、西区域发展差距大以及新出现的经济增长呈南北分化态势；从省域层面上看，区域发展不平衡通常存在于省内核心区域与边缘区域之间。省际边界地区要突破发展困境、缩小与核心区域的发展差距，应在争取区外辐射带动的同时，积极培育区域内部具有辐射带动作用的新增长极。本书综合运用地理学、经济学中关于行政区边缘的理论，从城市与区域密切相连的角度出发，强调省际边界地区区域中心城市在增强自身发展水平的同时，还必须充分发挥对省际边界地区的辐射带动作用，探索基于协调发展的城市与区域互动发展、区域中心城市带动省际边界地区发展等理论问题。

**（2）实践意义**

我国有 34 个省级行政单元，其中省际边界地区占据了相当比例的国土面积。由于在所属省域内的地理位置偏远、远离省域内发展中心、受行政界线制约等，我国大部分省际边界地区，特别是处于我国西部和中部的省际边界地区发展较为滞后。本书在对我国省际边界地区类型、特征及存在问题研究的基础上，提出以建设区域中心城市来带动省际边界地区发展的思路，并系统分析省际边界地区区域中心城市的职能构成及形成条件。本书以晋陕豫三省交界地区为例，开展省际边界地区区域中心城市的遴选、发展路径的确定等实践研究，为我国省际边界地区实现区域协调发展，缩小与其他区域的发展差距提供发展模式和发展路径借鉴。

# 1.3　研究区域及对象界定

## 1.3.1　研究区域范围界定

晋陕豫三省交界地区位于黄河中游，黄河干流的流向在此由自北向南转为自西向东，成为三省行政区划的边界。这一地区是我国中部与西部经济区的过渡地带，亚欧大陆桥的重要地段，是实施西部大开发战略和促进中部地区崛起战略的重点区域，在我国区域发展格局中具有重要地位。同时，三省交界地区也是中华民族重要发祥地之一，是"华夏"文明之源。

晋陕豫三省交界地区包括山西省运城市、临汾市，陕西省渭南市，河南省三门峡市4个地级市。2014年3月，国务院批复《晋陕豫黄河金三角区域合作规划》，由三省交界地区4个地级市组成的黄河金三角地区以合作共赢、共同发展为目标，重点开展区域优势资源整合、区域合作机制创新和区际利益关系协调等合作，努力将该区域建设成为中西部地区新的经济增长极和欠发达地区实现一体化发展、跨越式发展的示范区。

其中，渭南市所辖县级市韩城，于2012年5月成为陕西省首个国家社会与经济发展计划单列市（简称计划单列市），行政管理体制为副市级建制，并享有设区市的经济社会管理权限，财税体制由省级直管。考虑到韩城成为计划单列市后，城市的经济社会运行发展具有相对独立性，本书将韩城市也作为市级研究单元，且书中渭南市相关数据均不含韩城市部分。除此之外，鉴于陕西省延安市在地理位置上与渭南市、韩城市和临汾市地域相连，且经济、社会、文化与三省交界地区联系较为紧密，故将延安市也作为晋陕豫三省交界地区的地级市行政级别的研究单元。

综上所述，晋陕豫三省交界地区研究范围包括陕西省渭南市、延安市、韩城市，山西省运城市、临汾市和河南省三门峡市总共6个地级市（副地级市）的市辖区（图1-1），共60个县（市、区），其中渭南市10个、延安市13个、韩城市1个、临汾市17个、运城市13个、三门峡市6个（表1-1）。

**表1-1 晋陕豫三省交界地区各地级市（副地级市）所辖县（市、区）情况**

| 地级市（副地级市） | 所辖县（市、区） |
|---|---|
| 渭南 | 临渭区、华县（现为华州区）、潼关县、大荔县、合阳县、澄城县、蒲城县、白水县、富平县、华阴市 |
| 延安 | 宝塔区、安塞县（现为安塞区）、延长县、延川县、子长县（现为子长市）、志丹县、吴起县、甘泉县、富县、洛川县、宜川县、黄龙县、黄陵县 |
| 韩城 | 韩城市 |
| 临汾 | 尧都区、曲沃县、翼城县、襄汾县、洪洞县、古县、安泽县、浮山县、吉县、乡宁县、大宁县、隰县、永和县、蒲县、汾西县、侯马市、霍州市 |

| 地级市（副地级市） | 所辖县（市、区） |
|---|---|
| 运城 | 盐湖区、临猗县、万荣县、闻喜县、稷山县、新绛县、绛县、垣曲县、夏县、平陆县、芮城县、永济市、河津市 |
| 三门峡 | 湖滨区、陕县（现为陕州区）、渑池县、卢氏县、义马市、灵宝市 |

图 1-1　晋陕豫三省交界地区研究范围

# 1.3.2　研究区域发展概况

## （1）自然地理特征

研究区域西部和北部为黄土高原，东部为太行山脉，南部为秦岭山脉，中部为汾渭平原和中条山地。该区域包含黄土高原丘陵沟壑、黄土台塬、山地丘陵、冲积平原等多种地貌类型。黄河干流的流向在这里由南向北，出晋陕大峡谷后在潼关转而向东贯穿整个研究区域，另有渭河、汾河、北洛河等黄河主要支流流经该区域并汇入黄河。晋陕豫三省交界地区呈现出地形地貌上的多样性，河流、山脉等地形对该区域社会经济活动产生了较大的空间阻隔。

晋陕豫三省交界地区属半干旱、半湿润区域，年均降水量和年均气温均自北向南逐渐增加，年均降水量为 500~680mm，年均气温为 9.6~13.8℃，日照时间为 2100~2700h，无霜期为 170~220d。

**（2）资源禀赋**

晋陕豫三省交界地区矿产资源丰富，煤、天然气、石油等能源资源均有蕴藏，优势矿产资源中铝矾土、钼、铜、金、芒硝等储量较大（表1-2）。2014年，煤炭储量达 $1027.5 \times 10^8 t$，占三省总储量（$5512.6 \times 10^8 t$）的 18.6%；石油储量达 $13.8 \times 10^8 t$；天然气储量为 $2000 \times 10^8 \sim 3000 \times 10^8 m^3$；铝矾土储量达 $3.6 \times 10^8 t$，占全国总储量（$25 \times 10^8 t$）的 14.4%，占三省总储量（$15.02 \times 10^8 t$）的 24.0%；钼矿储量 $300 \times 10^4 t$，占全国总储量（$840 \times 10^4 t$）的 35.7%。

表1-2　晋陕豫三省交界地区各地级市（副地级市）矿产资源储量情况

| 地级市（副地级市） | 矿产资源情况 |
| --- | --- |
| 渭南 | 已探明储量矿产 51 种，主要矿产有煤炭、钼、金、铜、铅、锌、铁、铝、银、石灰石、大理石、蛭石等，以煤炭、钼、金、铜、石灰石、大理石为优势矿种。煤炭地质储量为 $255 \times 10^8 t$，已探明储量为 $50 \times 10^8 t$，保有储量为 $49 \times 10^8 t$；钼探明储量为 $150 \times 10^4 t$（金属量），居全国第二位；铜保有储量为 $21.7 \times 10^4 t$（金属量），占陕西省总储量的 45.7%；石灰石地质储量为 $133 \times 10^8 t$，保有储量为 $5400 \times 10^4 t$；大理石储量为 $1.3 \times 10^8 m^3$ |
| 延安 | 已探明储量矿产 16 种，其中煤炭储量为 $115 \times 10^8 t$，石油储量为 $13.8 \times 10^8 t$，天然气储量为 $2000 \times 10^8 \sim 3000 \times 10^8 m^3$，紫砂陶土储量为 $5000 \times 10^4 t$ |
| 韩城 | 已探明储量矿产 10 种，主要有煤炭、铁、石灰石、白云岩、铝土矿、黏土、大理石等。其中煤炭储量占渭北煤田的 35.5%，探明储量为 $27.7 \times 10^8 t$；铁保有储量为 $3014 \times 10^4 t$，铝土矿保有储量为 $19.58 \times 10^4 t$；韩城是渭北最大的煤层气田，煤层气资源总量为 $2080 \times 10^8 m^3$，达到开采品位的有 $1908 \times 10^8 m^3$ |
| 临汾 | 已探明储量矿产 38 种，主要有煤炭、铁、石膏、石灰岩、白云岩、膨润土、花岗石、大理石、油页岩、耐火黏土等。煤炭已探明储量为 $398 \times 10^8 t$，占陕西省总储量的 14%；铁储量为 $4.2 \times 10^8 t$，大理石储量为 $1.5 \times 10^8 m^3$，石英石储量为 $2000 \times 10^4 t$，石膏远景储量为 $234 \times 10^8 t$ |

续表

| 地级市（副地级市） | 矿产资源情况 |
|---|---|
| 运城 | 已探明储量矿产 38 种，主要有煤炭、铁、金、银、铜、铝、锌、铅、钴、钼、芒硝、岩盐、白钠镁矾、卤水、熔剂灰岩、灰岩、黏土、磷、长石、玻璃石英砂岩、重晶石等，其中优势矿产资源有铜、铅、镁（镁盐、白云岩）、芒硝、石灰岩、大理石、硅石等。铜矿储量为 $362.9 \times 10^4 t$，芒硝储量为 $5862.4 \times 10^4 t$，铝土矿储量为 $9752 \times 10^4 t$ |
| 三门峡 | 已探明储量矿产 50 种，主要有金、锰、铅、锌、锑、钽、铌、铍、锂、铷、铯、硫铁矿、铸型用砂岩、砷、云母、石英砂岩、铜、钼、钨、磷、压电水晶、熔炼水晶、石膏、石墨、铝土矿、铁、镓、白云岩、伴生硫、黏土等。金储量为 53.721t，铝土矿储量为 $3578.4 \times 10^4 t$，煤炭储量为 $11.68 \times 10^8 t$ |

注：数据截至 2014 年。

晋陕豫三省交界地区地处半湿润半干旱区域，属资源性缺水地区。区域内有黄河及其二三级支流多条，水资源总量为 $96.54 \times 10^8 m^3$（表 1-3），由于年均降水量较小，水资源补给量有限。另外，黄河是我国第二长河，全长约为 5464km，流域面积约为 752 443km$^2$，流经我国北方 9 个省（自治区），水资源供需矛盾突出，黄河干流沿河区域的水资源实施统一调度，晋陕豫三省交界地区的用水配额相对有限。

表 1-3　晋陕豫三省交界地区各地级市（副地级市）水资源情况　（单位：$10^8 m^3$）

| 指标 | 渭南 | 延安 | 韩城 | 临汾 | 运城 | 三门峡 | 合计 |
|---|---|---|---|---|---|---|---|
| 水资源总量 | 18.06 | 13.35 | 3.6 | 15.2 | 17.33 | 29.0 | 96.54 |

注：数据截至 2014 年。

**（3）旅游资源**

晋陕豫三省交界地区是中华民族重要发祥地之一，文物古迹和风景名胜丰富。其中，风景名胜包括华山、黄河壶口瀑布、黄河龙门、洽川湿地、盐湖、五老峰、天鹅湖国家城市湿地公园等；历史文化旅游资源包括以黄帝陵、司马迁祠、洪洞大槐树、解州关帝庙、普救寺、鹳雀楼、函谷关及延安革命旧址等（表 1-4）。区域内全国重点文物保护单位 214 处（表 1-5），延安市、韩城市和运城市新绛县为国家历史文化名城。

表 1-4　晋陕豫三省交界地区各地级市（副地级市）代表性旅游资源

| 地级市（副地级市） | 自然景观资源 | 历史文化资源 |
|---|---|---|
| 渭南 | 华山、少华山、洽川湿地 | 西岳庙、桥陵等 9 座唐代帝陵 |
| 延安 | 黄河壶口瀑布 | 黄帝陵、枣园、杨家岭、王家坪、凤凰山、延安革命旧址 |

| 地级市（副地级市） | 自然景观资源 | 历史文化资源 |
|---|---|---|
| 韩城 | 黄河龙门 | 司马迁祠、古城三庙、大禹庙、普照寺、党家村 |
| 临汾 | 黄河壶口瀑布、古县牡丹 | 洪洞大槐树、尧庙–华门 |
| 运城 | 盐湖、五老峰 | 鹳雀楼、普救寺、解州关帝庙、永乐宫 |
| 三门峡 | 豫西大峡谷、天鹅湖国家城市湿地公园 | 函谷关 |

表 1-5　晋陕豫三省交界地区各地级市（副地级市）全国重点文物保护
单位及历史文化名镇名村数量　　　　　（单位：处）

| 指标 | 渭南 | 延安 | 韩城 | 临汾 | 运城 | 三门峡 | 合计 |
|---|---|---|---|---|---|---|---|
| 全国重点文物保护单位 | 33 | 19 | 19 | 43 | 90 | 10 | 214 |
| 历史文化名镇名村 | 1 | 0 | 1 | 2 | 3 | 0 | 7 |

**（4）经济社会发展**

晋陕豫三省交界地区 2014 年 GDP 为 $6271.5 \times 10^8$ 元，三次产业结构为 0.1：0.6：0.3（表 1-6），第二产业占主导地位，区域经济的资源型特征明显。

表 1-6　晋陕豫三省交界地区各地级市（副地级市）年生产总值、产业结构及人均水平

| 地级市（副地级市） | GDP/$10^8$ 元 | 人均 GDP/元 | 第一产业增加值/$10^8$ 元 | 第二产业增加值/$10^8$ 元 | 第三产业增加值/$10^8$ 元 |
|---|---|---|---|---|---|
| 渭南 | 1 066.9 | 21 620 | 187.9 | 521.8 | 357.2 |
| 延安 | 1 354.1 | 61 493 | 107.4 | 978.1 | 268.6 |
| 韩城 | 282.1 | 71 263 | 14.5 | 221.4 | 46.2 |
| 临汾 | 1 223.6 | 27 943 | 87.0 | 732.6 | 404.0 |
| 运城 | 1 140.1 | 21 887 | 195.9 | 505.6 | 438.6 |
| 三门峡 | 1 204.7 | 53 756 | 99.7 | 799.8 | 305.2 |
| 合计 | 6 271.5 | 47 533 * | 692.4 | 3 759.3 | 1 819.8 |
| 占三省比例/% | 10.3 | | 10.9 | 11.2 | 8.7 |

资料来源：《陕西统计年鉴 2014》《山西统计年鉴 2014》《河南统计年鉴 2014》。

\* 按各市人口加权后算得结果。

晋陕豫三省交界地区农业以粮食和果品生产为主。主要农作物为小麦、玉米、大豆等，粮食播种面积为 $179.19 \times 10^4 \, hm^2$，占三省粮食播种总面积（1097.42×

$10^4 hm^2$）的 16.3%；粮食产量为 $889.72 \times 10^4 t$，占三省粮食总产量（$7060.77 \times 10^4 t$）的 12.6%。三省交界地区果品生产以苹果、梨、柿子为主，是我国苹果四大优质主产区之一，苹果产量 $973.25 \times 10^4 t$，占三省苹果总产量（$1782.26 \times 10^4 t$）的 54.6%，占全国苹果总产量（$3968.26 \times 10^4 t$）的 24.5%（表1-7）。

表1-7　晋陕豫三省交界地区各地级市（副地级市）粮食及苹果年产量

| 地级市（副地级市） | 粮食播种面积/$10^4 hm^2$ | 粮食产量/$10^4 t$ | 苹果产量/$10^4 t$ |
|---|---|---|---|
| 渭南 | 33.12 | 203.41 | 183.12 |
| 延安 | 13.29 | 74.35 | 244.01 |
| 韩城 | 1.56 | 7.76 | 9.80 |
| 临汾 | 51.28 | 232.3 | 45.60 |
| 运城 | 68.64 | 310.4 | 324.31 |
| 三门峡 | 11.30 | 61.50 | 166.41 |
| 合计 | 179.19 | 889.72 | 973.25 |

资料来源：《陕西统计年鉴2014》《山西统计年鉴2014》《河南统计年鉴2014》。

晋陕豫三省交界地区工业以能源化工产业为主。围绕煤炭资源开发利用形成了煤炭采掘、洗选、炼焦，化学原料及化学制品制造业，电力、热力生产和供应业，黑色金属冶炼和压延加工业，有色金属冶炼和压延加工业等行业。非能化及冶金产业以外的其他加工制造业占比很小，是典型的资源型经济结构（表1-8和表1-9）。

表1-8　晋陕豫三省交界地区各地级市（副地级市）主要工业行业

| 地级市（副地级市） | 主要工业行业 |
|---|---|
| 渭南 | 煤炭开采和洗选业，化学原料及化学制品制造业，专用设备制造业，有色金属矿采选业，有色金属冶炼和压延加工业，食品制造业，非金属矿物制品业，医药制造业，纺织服装、服饰业 |
| 延安 | 煤炭开采和洗选业，石油和天然气开采业，石油加工、炼焦和核燃料加工业，烟草制品业，非金属矿物制品业 |
| 韩城 | 黑色金属矿采选业，黑色金属冶炼和压延加工业，石油加工、炼焦和核燃料加工业，电力、热力生产和供应业 |
| 临汾 | 煤炭开采和洗选业，石油加工、炼焦和核燃料加工业，黑色金属冶炼和压延加工业 |
| 运城 | 黑色金属冶炼和压延加工业，有色金属冶炼和压延加工业，石油加工、炼焦和核燃料加工业，化学原料及化学制品制造业，电力、热力生产和供应业 |
| 三门峡 | 有色金属矿采选业，煤炭开采和洗选业，有色金属冶炼和压延加工业，非金属矿物制品业，化学原料及化学制品制造业，电力、热力生产和供应业，非金属矿采选业，专用设备制造业，黑色金属矿采选业，木材加工和木、竹、藤、棕、草制品业 |

表 1-9　晋陕豫三省交界地区各地级市（副地级市）主要工业产品年产量

| 地级市<br>（副地级市） | 原煤<br>/$10^4$ t | 粗钢<br>/$10^4$ t | 钢材<br>/$10^4$ t | 生铁<br>/$10^4$ t | 焦炭<br>/$10^4$ t | 化肥<br>/$10^4$ t | 发电量<br>/$10^8$ kW·h | 水泥<br>/$10^4$ t |
|---|---|---|---|---|---|---|---|---|
| 渭南 | 1 800.4 | 65.2 | 96.00 | | 194.1 | 50.18 | 214.1 | 840.9 |
| 延安 | 4176.3 | | | | 163.6 | | 7.3 | 90.1 |
| 韩城 | 694.0 | 480.5 | 462.5 | 485.9 | 742.4 | | 125.8 | 173.7 |
| 临汾 | 4 861.7 | 1 287.3 | 1 320.7 | 1 313.4 | 2 079.8 | 26.2 | 191.3 | 409.6 |
| 运城 | 541.8 | 843.1 | 714.0 | 827.8 | 1 074.3 | 70.9 | 204.0 | 710.5 |
| 三门峡 | 150.5 | | 30.9 | | | 15.1 | 132.9 | 633.1 |
| 合计 | 12 224.7 | 2 676.1 | 2 624.1 | 2 627.1 | 4 254.2 | 162.38 | 875.4 | 2 857.9 |

资料来源：《陕西统计年鉴 2014》《陕西区域统计年鉴 2014》《山西统计年鉴 2014》《河南统计年鉴 2014》《渭南统计年鉴 2014》《延安统计年鉴 2014》。

　　晋陕豫三省交界地区常住人口为 1979.0×$10^4$ 人，占三省常住总人口（16 806.7×$10^4$ 人）的 11.8%。其中城镇人口为 883.1×$10^4$ 人，城镇化率为（44.6%），较三省整体城镇化率（46.6%）低两个百分点（表 1-10）。

表 1-10　晋陕豫三省交界地区各地级市（副地级市）常住人口及城镇化率

| 地级市（副地级市） | 户籍人口/$10^4$ 人 | 常住人口/$10^4$ 人 | 城镇人口/$10^4$ 人 | 城镇化率/% |
|---|---|---|---|---|
| 渭南 | 524.6 | 533.2 | 203.3 | 38.1 |
| 延安 | 237.8 | 220.6 | 119.2 | 54.0 |
| 韩城 | 40.5 | 39.6 | 25.6 | 64.6 |
| 临汾 | — | 439.1 | 200.5 | 45.7 |
| 运城 | — | 522.4 | 224.9 | 43.1 |
| 三门峡 | 226.8 | 224.1 | 109.6 | 48.9 |
| 合计 | — | 1979.0 | 883.1 | 44.6* |

资料来源：《陕西统计年鉴 2014》《山西统计年鉴 2014》《河南统计年鉴 2014》。

＊按各市加权后算得结果。

# 1.4　研究内容与思路

## 1.4.1　研究内容

　　1）研究省际边界地区的类型及特征，剖析这一特殊地域类型在经济社会发展中存在的共性问题。研究省际边界地区区域中心城市的职能体系，探讨省际边界地区区域中心城市的形成条件，形成晋陕豫三省交界地区区域中心城市建设的理论基础。

2）建立定性、定量和空间相结合的区域中心城市遴选与发展条件评价的方法体系。在遴选出省际边界地区潜在区域中心城市的基础上，结合区域中心城市的职能体系和形成条件对潜在区域中心城市进行发展条件评价，研判各城市在区域中心城市功能和形成条件上所表现出的特征以及存在的问题。

3）以晋陕豫三省交界地区典型潜在区域中心城市为例，探讨省际边界地区区域中心城市发展成为区域增长极核和区域服务中心的路径，研究其在省际边界地区实现发挥经济发展职能、公共服务职能的策略及支撑保障条件。

## 1.4.2　研究方法

### （1）文献研究与实地调研相结合

利用中文期刊全文数据库、外文期刊全文数据库以及其他多种形式资料，通过文献分析整理省际边界地区、区域中心城市相关理论研究成果进行文献综述，以期为研究提供借鉴。开展对典型城镇实地踏勘及相关政府部门的访谈调研，获取研究区域资料和数据，为全面分析晋陕豫三省交界地区的区域与城市发展特征，制定区域和城市的发展对策提供翔实的数据支撑。

### （2）定性研究与定量研究相结合

区域及区域中城市的发展问题需要从定性和定量两个方面加以揭示。定性研究有助于从整体上把握省际边界地区特征和区域中心城市形成的影响因素和形成机制。定量研究有助于深入、客观地阐释现象存在的原因和规律变化的趋势，研究采用因子分析、熵值分析、城市流强度分析、场强分析、可达性分析等定量分析方法，研究区域中心城市的选择分析模式，作为建设晋陕豫三省交界地区建设区域中心城市的决策依据。

### （3）GIS 空间分析方法

地理学所研究的问题是自然、社会、经济等现象在地理空间上的表现、规律和作用，使用空间分析手段能够揭示区域与城市发展的空间规律，并获得可视化的分析结果。借助 GIS 空间分析平台研究晋陕豫三省交界地区城市辐射场强、城市空间腹地划分和区域交通可达性。

## 1.4.3　技术路线

本书技术路线与总体框架如图 1-2 所示。

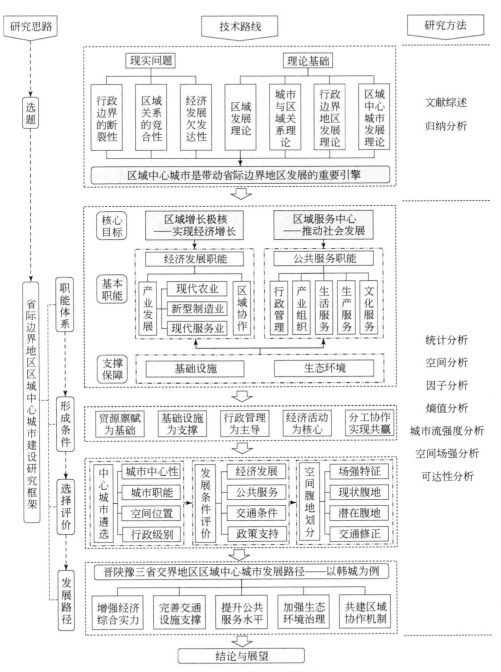

图 1-2　技术路线与总体框架

# |第2章| 行政区边界地区区域中心城市研究的回顾与梳理

随着我国经济发展转型，经济发展中对资源配置起重要作用的不再是行政手段，而是市场导向。在政府、企业和市场的共同作用下，"经济区经济"将逐渐取代"行政区经济"成为我国区域合作协调发展的主要形式。因此，对跨行政边界的区域经济发展及其内部经济活动组织形式的讨论成为研究重点。本章从区域发展、城市与区域关系、区域中心城市3个研究角度出发，梳理了国内外关于区域协作发展的理论及实践研究。

## 2.1 国外理论与实践研究梳理

### 2.1.1 区域协调发展的理论基础

区域经济发展的基础是区域分工与合作，区域分工与合作促进区域经济增长和发展。区域分工与合作是指各地区的社会生产体系通过横向或纵向的产业联系相互关联，在地理空间上表现为地域劳动分工。区域生产的专业化是区域建立分工与合作联系的根本动力。

亚当·斯密最早在《国富论》中阐述了以绝对利益为原则的劳动地域分工，生产者集中生产绝对有利可图的产品，然后再与其他生产者交换获得其他物品；同时认为社会分工是提高社会劳动生产率和增加社会财富的重要源泉之一（Smith，2011）。

李嘉图的比较利益原则论述了外生比较优势是产生区域分工的条件，某一国家或地区可以利用相对其他国家或地区较低的成本生产某种产品，这样就具备了专业化分工的条件，同时通过地区间贸易可以使双方受益。比较利益原则指出了国际贸易中的客观规律，某一国家或地区无论发展水平如何，只要参与区域分工与合作，就可以从中获得实际利益（Ricardo，2013）。

约翰·穆勒指出两国进行商品交换时交换比率取决于各自对该商品需求的大小，并且其输出货物正好可以抵偿输入货物。这一理论是对比较利益原则的补充，用相互需求论解释了比较利益带来的两国贸易的获利范围由两国进行商品交换时交换比率决定，同时说明了交换收益分配中两国各占的比例。

资源禀赋优势理论解释了国际贸易产生的原因和商品流向由各国家或地区的资源丰缺程度决定。这一理论从生产要素差异的角度阐述了区域分工与合作的原理，将贸易理论与区域理论相结合，构建了新的地域分工理论框架。

巴朗斯基（1985）首次从地理学的角度对劳动地域分工进行了解释，系统地提出了地理分工论，为地理分工做出了明确的定义：地理分工是社会分工的空间表示形式。巴朗斯基提出地理分工的必要前提是 $C_v > C_p + t$，其中 $C_v$ 表示商品售价，$C_p$ 表示商品成本，$t$ 为运费，即经济利益是地域分工的前提和动力。同时指出地理分工有两种形式，一种是某地区完全不能生产某种产品，必须从其他地区输入；另一种是某地区虽然可以生产某种产品，但生产成本较高，所以从其他地区输入。这两种地理分工概括了亚当·斯密和李嘉图的劳动地域分工与国际贸易学说。巴朗斯基的地理分工论将劳动地域分工与经济区和经济地域组织联系起来，对区域经济发展研究具有重要指导意义。

迈克尔·波特（Michael Porter）提出的"钻石模型"解释了一个国家某种产业在国际上保持较强竞争力的原因。其认为，一个国家某一产品的国际市场占有率及盈利率代表着这个国家在该行业的国际竞争力，劳动生产率的高低代表着这个行业的技术水平，市场占有率代表着这个产业与其他国家产业的关联和支撑程度。同时其对多个国家产业国际竞争力进行了对比并总结了国内经济环境对竞争优势的影响机制，由生产要素，需求条件，相关与支持性产业，企业战略、企业结构和同行竞争，机遇以及政府 6 个要素共同决定，前 4 个要素是关键要素，后 2 个要素是辅助要素，它们之间彼此互动（图 2-1）（Porter，2005）。

资源禀赋的基本要素决定行业的建立，高级要素在竞争中提升国家的竞争优势。需求时间差和需求结构规模差决定了一个国家能否在某一产业方面领先其他国家或能否形成具有特定优势的产业。同时，成熟复杂的需求条件会迫使该产业努力提高发展水平，增强竞争力。产业集群的存在有助于提高生产效率，促进相关产业间紧密合作，互补产业需求拉动，同时产业集群的存在有助于创造良好的设施和信息环境，提高产业的创新能力和市场开拓能力。企业策略组织和竞争是指国际国内竞争刺激企业组织和管理机制创新以保持竞争力。机遇是指基础科技的发明创新、外国政府的重大决策、战争等一些突发性的因素，机遇对竞争优势

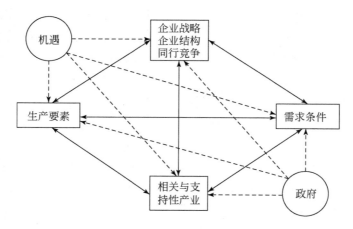

图 2-1  波特的竞争优势理论——"钻石模型"

资料来源：崔功豪等（2006）

的影响是相对的，企业是否能够利用机遇、如何利用机遇取决于企业对生产要素，需求条件，相关与支持产业，企业战略、结构及其竞争对手的表现等 4 种关键要素的驾驭能力。政府提供企业所需要的资源，创造产业发展的环境，增强扩大"钻石模型"的力量，政府的投入要从降低企业外部成本的角度出发，政府在产业发展中最重要的角色是保证国内市场处于活泼的竞争状态并制定竞争规范、监督市场竞争。

"钻石模型"解释了一个国家的某一产业为什么可以保持国际竞争力。之后波特将企业竞争理论延伸到经济发展中，认为国家的经济发展水平以收入为代表，而收入水平取决于某一行业的生产效率水平，该行业只有保持高层次的竞争优势，生产效率才能不断提高，进一步带动收入提高。综上所述，波特的"钻石模型"由企业竞争优势拓展到国家竞争优势理论。

关于区域分工与合作的经典理论，从亚当·斯密的劳动地域分工到巴朗斯基的地理分工论再到波特的"钻石模型"，研究者提出并逐步完善了关于劳动地域分工必要性的论述，阐述了产业分工与地理分工的关系，以及如何在地理分工中保持竞争优势。通过梳理这些经典理论，可以总结出劳动地域分工的特征主要是：①劳动地域分工具有专业性。各地不同的资源禀赋及生成优势决定了国家或地区产业的特殊性和专业化。②劳动地域分工具有层次性和综合性。劳动地域分工的层次性是指劳动地域分工的范围逐渐扩大并由低级到高级，由区域到全国再到全球范围的地域分工与合作；劳动地域分工的综合性是指区域内生产的专业化将带动区域内其他部门的综合发展。③劳动地域分工的最终目的是更好地实现区域经济协同发展。各地区分别生产出自己具有优势的产品，通过区际交换实现其产品价值，增大区域利益（崔功豪等，2006）。

综上所述，劳动地域分工以生产力和产业发展为主线，以资源环境和科技创新为形成条件，劳动地域分工的表现是经济地域与经济地域系统，最终目的是实现区域经济社会一体化发展，使区域在分工合作中获得更高的经济效益、社会效益、生态效益（图 2-2）。

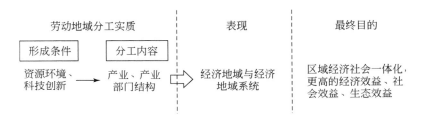

图 2-2　劳动地域分工理论与区域发展关系

## 2.1.2　城市与区域间的互动作用

城市与区域间是"点和面"的关系，不同等级和规模的城镇联系起来构成区域发展的框架，反过来区域发展又对城市发展和城镇体系发展产生重要影响。城市与区域相互作用、相互影响（图 2-3）。

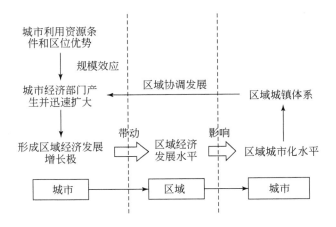

图 2-3　城市与区域间的互动作用

首先，城市利用资源条件和区位优势发展非农产业，城市经济部门产生并迅速扩大，形成区域经济发展增长极，辐射带动区域经济发展水平的提高。其次，区域经济发展水平的提高进一步反馈影响区域城市化水平和区域城镇体系发展，区域间合理的城镇体系结构促进区域协调发展，提高城市经济发展水平。国外对于城市与区域关系的研究可以分为两个方面：一方面是从城镇体系构建区域发展框架的角度出发；另一方面是认为任何城市从其形态、规模和位置来看，总是一定区域的中心，将城市作为区域发展重点展开理论研究。

1. 城镇体系作为区域发展空间结构的研究

如前所述，区域经济发展水平影响区域城市化水平和区域城镇体系发展，因此在区域经济发展的不同阶段，城镇体系在组织构造上的不同表现成为研究的重点。

Berry（1961）指出，不同发展阶段区域内城市顺序–规模分布形式也不同，即不论在任何区域内，城市的数量总是随城市的规模增大而减少。同时对 38 个经济和社会发展水平不同的国家或地区进行了检验，结果表明，13 个国家表现出顺序–规模分布，15 个国家呈现 1～2 个大城市占优势。Berry 提出的城市顺序–规模分布发展模式如图 2-4 所示：①区域发展的早期阶段，区域内首位度高的城市较多；②首位度城市仍占优势，但开始出现中等城市；③城市等级体系开始显现，中等城市发展势头强劲；④区域内形成等级规模良好的城镇体系。

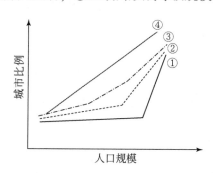

图 2-4　Berry 的城市顺序–规模分布发展模式

资料来源：陈宗兴（2012）

El-Shakhs（1972）认为，区域城镇体系发展在经济发展的时间序列上遵循一条标准曲线（图 2-5）。从区域经济起飞到经济发达，区域中城市首位度呈现出先升高再降低的特征。当地区经济发展由农业经济向工业经济转变，农业社会向发达工业社会转变时，区域内的小城镇普遍规模较小，处于初级发展阶段，相互之间差距不大且几乎没有联系，城镇体系的规模分布表现为区域内分散分布着许多规模相当的小城镇；在工业化转变时期，几个具有区位优势的城镇集聚作用增强，经济迅速发展壮大，区域内首位度迅速提高，并呈现出首位度较高的城镇体系；在工业化成熟时期，大城市辐射带动周边小城市，小城市也逐渐发展扩大为较大的城市，城市首位度降低，区域城镇体系趋于均衡。

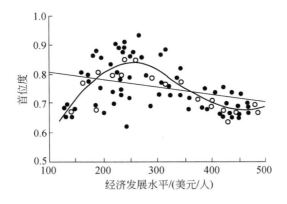

图 2-5　El-Shakhs 的区域城市首位度曲线

资料来源：陈宗兴等（2012）

### 2. 城市作为区域发展重点的理论研究

城市与区域关系研究的另一角度是将城市作为区域发展重点的理论研究。城市产生并扩张作为区域的增长极，带动区域经济发展。城市最初产生主要是起到防御和商业贸易功能。随着工业化的发展，城市利用资源优势和区位优势发展壮大，功能也得以丰富和扩展，城市逐步成为人口、产业和社会服务的集中地，城市的发展影响波及整个区域的发展。国外关于城市作为"点"的研究提出了一些经典理论，并以此为基础展开了实践研究。

空间相互作用原理解释了空间系统中哪些地点之间相互关联，关联的强度和方式受到哪些因素的影响。引力模型解释了两城市之间相互作用的强度受到城市规模及距离的影响，基本结论是两城市之间相互作用的强度与这两城市规模（一般为人口规模）成正比，并呈现出明显的距离衰减趋势（陈宗兴，2012）。当两城市连线方向上出现一个点，且两城市对该点的影响力相等时，该点就为两城市影响范围的断裂点，断裂点模型可以用来确定城市为周围区域服务的边界，粗略估计城市的引力范围（侯景新和伊卫红，2004）。

中心地理论是从区位格局角度阐述城市和其他级别的中心地等级系统的空间结构理论。Christaller（1966）运用推理演绎的方法论述了中心地理论，该理论建立在地区为资源均匀分布的均质平原、交通条件相同、人口和购买力也分布均匀等假设上，提出区域内城市等级和规模关系的六边形模型，以城市职能、规模和空间结构为核心内容，中心地的服务范围、提供货物种类和数量、服务范围与其所要求的门槛人口、吸引及影响范围、中心地等级紧密相连，越是高等级的中心地，其服务范围越广、货物种类和数量越多、门槛人口越高。该理论在商业、工业和城市规划中具有极强的理论指导意义。之后，城市地理学者运用中心地理论对中心城市的研究大多从城市人口规模和城市功能两个方面展开，寻求中心城市空间分布及其功能的系统性与合理性（Derudder and Witlox，2004）。

增长极理论树立了区域研究中经济区域的观念，阐释了区域非均衡发展的原理。索瓦·佩鲁在1950年出版的《经济空间：理论的应用》中首次基于产业发展角度提出部门经济发展增长极，并逐渐向其他地区传导。

Boudeville（1966）和Lasuén（1973）将区位论的观点与增长极理论相结合，把增长极定义为配置在城市区内不断扩大的工业综合体，并在其影响范围内进一步引导经济活动发展。确定增长极所依托的城市及城市群主要考虑以下3个因素：有区位优势的规模城市；有特色主导产业的支撑；具有极化和扩散效应。

将城市作为区域发展重点的经典理论研究表明了培育区域增长极，以中心城市带动区域发展的必要性。增长极理论指出：地区经济发展要突破资源限制，就要发展具有形成增长极条件或者具有相对比较优势的区域中心城市，通过其辐射带动作用促进周边区域发展。从城市功能的综合性出发，构建区域中心城市不能单纯以某种形式最优为目标，要综合考虑多种功能，同时做好交通、通信、政策保障等。

## 2.1.3  行政边界地区的边界效应

在全球化和一体化的时代背景下，学术界关于边界地区发展围绕边界效应展开研究，边界效应是指为有利于高效行政管理而存在的地理分界线，影响要素跨区域流动，进而影响区域经济社会行为。随着全球化、区域合作的加强，边界对资本、信息、技术、人才等要素的流动限制和阻碍正在逐渐减弱。边界效应研究的传统视角是研究美国、加拿大和欧盟国家的边境贸易，新时期边界效应研究开始关注亚洲、非洲、拉丁美洲等发展中国家（Gorodnichenko and Tesar，2009；

Llano-Verduras et al., 2010；Borraz et al., 2016）。研究内容主要涉及：①边界效应的内涵，讨论边界效应是否存在，边界效应是什么；②边界效应影响下的市场分割，通过国际贸易数据分析边界效应对国际贸易的影响（Gil Pareja et al., 2010；Wrona，2015）；③基于边界效应的区域合作与一体化发展研究。

不同学科对边界效应与区域一体化发展研究的出发点不同。在传统经济地理理论中，边界被视为经济发展的屏障和壁垒。区域边界的存在阻碍了理想区位的建立，边界商品运输、交易成本增加使商品价格上升，限制了市场的扩大和消费需求的增长。边界的存在会阻碍跨境贸易的发展，提高位于交界地区企业的成本，影响企业在边境地区布局的积极性，从而使边境变成经济的荒漠地带（冯革群和丁四保，2005）。中心地理论认为行政边界阻碍了合理的经济组织结构，限制了潜在合作区的形成。新经济学派则认为边境的存在，给跨境合作和区域一体化发展带来机遇，边境贸易和运输理论模型认为交界地区会吸引生产者和消费者向边界地区聚集（Niebuhr and Stiller，2002）。

边界地区研究起源于西方国家，西方国家在成熟的市场经济指导下，边界地区受行政因素影响较小，跨境合作频繁。已有研究主要从国家政策出发，研究讨论跨境合作的国际贸易和"经济圈"，其中以经济和军事合作为主的欧盟以及美国和墨西哥跨境合作比较成功，因此这两个地区的跨境合作成为国外研究的典范（Anderson，2003）。国外对边界地区开展的实践研究以经济学、社会学领域为主，经济学主要研究边界对于经济活动的影响，社会学主要研究边界地区的社会文化影响及边界地区发展机制。Hansor（1996）对美国和墨西哥边界地区公司进行了实证研究，提出如果考虑边界的封闭作用，则边界地区公司市场范围较小；如果边界对要素流动没有影响，则在有效跨越边界的基础上可以将边界地区看作中心区。藤田昌久等（2001）指出国家内部的经济区位在区域经济一体化发展过程中会受到很大影响，边界封闭的国家其内部经济活动区位表现为内向型，边界开放的国家其内部经济活动区位表现为外向型。

Bröcker（1984）使用区际贸易重力模型对前欧洲共同体成员国开展行政边界效应的分析，研究结果表明，行政边界对贸易具有明显的阻隔效应，跨国贸易的交易流约为国内贸易流的1/6，并且验证了整合与一体化发展策略对边界空间阻隔的影响。Head 和 Mayer（2000）通过调查欧盟内边界效应的演变，研究欧洲关税与统一市场之间的关系，类似的研究还在美国和加拿大边界、经济合作与发展组织成员国之间开展（Van Houtum，2000）。Hoover 和 Giarratani（1985）研究了美国州际边界地区的发展，指出美国成立"区域委员会"专门协调两个及以上州毗邻地区的发展问题。Anderson 和 O'Dowd（1999）从社会学的角度出发，提出社会、文化差异对边界地区的经济社会交流合作也具有重要的影响。

# 2.2 国内理论与实践研究梳理

## 2.2.1 区域协调发展研究的理论体系

国内区域发展研究从三个方面展开，包括以政府为主体的区域竞合关系研究、区域开发空间模式研究、城市群发展与区域经济关系研究。

### 1. 区域竞合关系研究

一部分学者运用区域经济发展的经典理论，讨论区域竞合关系及区域开发空间结构模式；区域经济发展的竞合关系研究大多以地方政府作为主体，提出区域分工与合作的形成和演进是区域经济增长及发展的重要源泉。地方政府的作用是在协调地方利益和区域利益的基础上，组织地方合作与良性竞争，推动区域经济联动增长。

龙灿（2009）指出当前我国区域经济发展中政府间存在无序竞争和合作不足的问题，阻碍了区域经济的发展，并借鉴日本、美国、欧盟等经验，结合我国实际提出促进区域经济发展中政府竞合关系优化对策。赵从芳（2009）利用博弈论模型分析政府在自身利益与区域利益之间的博弈选择，并指出区域经济发展失调的主要原因是地方政府缺乏区域协作意识，缺乏突破行政壁垒的区域统筹发展规划，同时提出区域经济发展需要地方政府自主协作，制定区域统筹发展规划，减少行政区划的阻碍，促进区域经济协调发展。李金龙和李朝辉（2011）研究表明传统的行政文化、行政区体制以及政绩考核体系导致区域旅游发展中地方政府出现过度和无序竞争现象，难以形成规范的区域旅游合作组织，并提出区域旅游发展中地方政府应该提倡协作发展，构建规范的区域旅游合作机制，引导区域旅游在合作与良性竞争中协调发展。孟德友和陆玉麒（2012）从区域专业化分工的角度对中部省（自治区）制造业竞合关系进行了分析，研究结果表明，中部省（自治区）制造业分工比较明显，山西省与其他省（自治区）互补关系较强，且中部各省（自治区）之间竞争呈现出逐渐加强的趋势。刘改芳和梁嘉骅（2009）以晋商大院景区为研究对象，分析了人文旅游资源间竞合关系对区域旅游竞争力的影响，并提出人文旅游景区的整合要充分考虑其现实基础，适度的竞争对于打造文化品牌具有促进作用。陆玉麒和董平（2013）将区域竞合关系定义为区域竞争基础上的合作关系，从产业和贸易角度出发，提出区域的竞争和合作要在整体利益与局部利益之间协调均衡，以寻求自愿的区域合作，构建良性区域竞合关系。万幼清和王云云（2014）在分析产业集群内企业协同创新竞合关系动因、影响因素、竞合类型的基础上，提出不同企业竞合关系下协同创新方式的选择。

### 2. 区域开发空间模式研究

区域开发空间模式研究也是区域发展研究的重要内容，区域空间开发研究有两个研究方向：一方面围绕陆大道（2001）的"点-轴系统"理论，讨论在该理论指导下符合"点-轴"结构的区域发展空间结构；另一方面以城市群为研究对象，讨论以中心城市为核心，区域内各等级城市按规模等级、职能结构协作发展的城市群发展模式。

陆大道（2001，2002）最先在中心地理论的基础上提出"点-轴系统"理论。"点-轴系统"理论是关于社会经济空间组织的理论，运用"点-轴系统"理论进行区域开发和空间组织的重点在于处理好集中与分散、从不平衡发展到相对平衡发展的关系。按照"点-轴系统"理论配置生产力和改善区域生产力空间布局来进行空间经济组织，是区域发展的最佳模式。王合生和李昌峰（2000）研究得出长江沿江呈现出"点-轴-集聚区"三级空间等级系统，这一空间结构是在基础条件、中心-边缘效应、区位和政策条件的相互作用、相互影响下形成的，并从机制出发提出了长江沿江区域空间结构系统的开发方向和调控手段。汪德根等（2005）研究了呼伦贝尔—阿尔山旅游区，提出该区旅游发展要运用"点-轴系统"理论，利用区域重点发展轴，将各级旅游点空间网络化，构建板块旅游的空间开发结构模式。

城市群是都市区和都市圈发展到较高阶段的产物，在城市群中各种不同等级的城市突破行政界线的束缚，尽量实现规划建设、经济发展、生态环境等方面的一体化（方创琳，2014）。方创琳（2011）用综合指标评价了中国 23 个城市群的发育情况，总结了中国城市群发展的特点和影响，城市群虽然具有较高的经济效益，但是其发展中存在发育程度低、投入产出效率低、紧凑度低、资源环境保障程度低的"四低"问题。赵勇和白永秀（2012）评价了中国不同城市群以及城市群内部两个方面的功能分工程度，并指出东部地区城市群分工强于西部地区，且城市群内部城市功能分工程度与城市规模成正比，特大城市分工明显强于其他城市，并有不断增强的趋势。黄金川和陈守强（2015）对中国 23 个城市群进行了定量划分和空间分析，提出将中国城市群分为 5 种类型 9 个亚类，为中国城市群制定因地制宜的发展战略提供了参考。杜娟（2007）研究了成渝城市群双核型空间结构，两个等级相当的核心城市影响力通过交通轴线进行扩散，双核型城市之间存在强烈的竞争和合作关系，且通常表现为竞争大于合作，双核型关系城市竞争态势的改善需要建立城市联盟，发展超边界的合作组织。王伟（2008）以中国长江三角洲（长三角）、珠江三角洲（珠三角）、京津冀三大城市群为研究对象，利用 6 个年份的数据研究了城市群经济宏观形态格局、城市群空间中心均衡，并评价了中国三大城市群的空间结构能效，得出城市群的发展与特定阶段其外部环境和自身需求密切相关，城市群的整体效益可以通过调控其中心城市与外围地域关系的途径来优化。

3. 城市群发展与区域经济关系研究

部分学者从城市群研究出发，讨论城市群发展与区域经济发展的关系及相互作用。在城市群与区域经济发展研究方面，大多数学者从全国和区域两个层面进行研究，即从城市群在国家经济发展及参与国际竞争中的作用方面开展研究，以及对城市群作为区域经济发展引擎的研究。讨论集中在城市群与区域经济一体化和城市群内部协调发展机制两个方面。

城市群作为区域经济发展的核心，在实现区域经济一体化发展中占据重要地位。宁越敏（2011）在对中国都市区和城市群进行界定的基础上，提出城市群对区域经济发展的影响。研究表明，在全国尺度上城市群集聚了全国大量的物质和经济资源，是国家经济发展的主体；在区域发展中，大城市群内各种形态的产业集聚成为区域经济发展的核心动力。郑继承（2013）从区域经济一体化出发讨论我国城市群发展战略，提出我国城市群发展要打开国际视角，城市群经济发展要积极参与到国际竞争与合作中；区域经济发展要转变由单一增长极带动的模式，发展多核心联动的城市群经济。张学良（2013）指出以产业集群为基础，辅以交通网络条件、信息化水平和政府协调的城市群经济打破了行政界线，已逐渐取代省域经济成为中国区域经济发展的主体，城市群经济的发展对中国区域发展战略及参与国际竞争都具有重要意义。丁建军（2010）辨析了城市群经济的概念，城市群经济是产业和经济活动聚集的空间表现，中西部地区城市群经济的发展有利于解决全国层面的区域失衡与区域不公平状况；城市群内部形成中心城市以生产性服务业为主，其他城市以加工制造业为主的分工合作体系，可以有效提高城市群经济的发展效率。郭凤城（2008）研究了产业集群与城市群的耦合及其对区域经济发展的影响，研究指出产业集群与城市群的高度耦合产生区域城市经济共同体，较高的耦合度会提高区域经济水平和竞争力，同时增强区域可持续发展能力。

城市群内部各等级城市要建立良性的竞合关系和协调发展机制，增强城市群参与更大区域竞争合作的综合实力。张亚斌等（2006）从经济地理学理论角度出发，提出产业集聚形成地区增长极，带动外围地区的集聚，最后在边缘地区集聚，不同地区和规模的集聚共同构成了具有圈层结构特征的城市群。城市群的发展要充分发挥各城市在圈层结构中的比较优势，加强市场关联和经济协作。何胜等（2014）运用改进后的引力模型，对长江中游城市群进行空间相互作用分析，研究表明城市群之间相互作用与城市综合竞争力和距离有关，城市群中各等级城市在参与城市职能分工中角色不同，特大城市要发挥强大的集聚扩散作用，次中心城市要带动周围地区，一般城市要积极参与到大城市的互补分工体系中。刘巧玲（2014）指出在现代知识经济和网络经济时代，区域竞合关系的形势日趋多元化、复杂化，并运用引力模型分析上海与长三角都市圈内城市的竞合关系，研究结果表明上海与圈内其他城市的竞合关系呈现出随距离衰减特征，但总的来说长三角都市圈内城市逐步走向竞争与合作相互促进的协调发展阶段。郭建斌（2016）对长江中游城市群次区域各大城市圈进行了对比分析，其中包括武汉城市圈、长株潭城市群和环鄱阳湖城市群，提出次区域间的竞合发展是多方博弈的过程，区域间整体竞争大于合作，且竞争水平与区域经济发展水平密切相关，地方决策者对竞合关系的认识存在偏差，并在此基础上提出了长江中游城市群次区域竞合关系提升的策略。司林杰（2014）对我国五大城市群发展历程进行梳理，提出城市群次区域间普遍存在"积极竞争，消极合作"的现象，并运用福利经济学对其后果进行分析，提出通过建设法律机制基础、建立内部协调机制、形成财政保障机制来促进和激励城市政府良性竞争合作。

## 2.2.2 行政边界地区的发展问题

近年来，在全方位开放格局和区域协调发展背景下，省际边界地区区域发展成为国内关于区域发展研究的重要方向之一，相关研究除了对省际边界地区的理论研究外，还开展了丰富的实践研究，涉及省际边界地区发展的影响因素、省际边界地区的经济社会发展战略、省际边界城市的城镇化发展、省际边界地区的空间结构等多个角度。

在行政区经济理论中可以找到边界区域理论的最初来源，边界区域理论研究属于特殊的区域经济学研究。刘君德和舒庆（1996）认为20世纪我国实行改革开放后，省际边界地区的经济在计划经济体制向社会主义市场经济体制转型过程中，经济联系从"纵向"向"横向"过渡，在这种纵横交错的转变时期，省际边界地区产生了特殊的区域经济类型。沈立人（1998）认为省际边界地区的发展要以新建立的"地方经济学"学说为指导，协调经济区与行政区交错重叠的矛盾。郭荣星（1995）提出要创立边界区域经济学，结合区域经济学、国际经济学和小区域经济学三个领域，研究区域有机联系及其作用，用理论与实践相结合的方式讨论区域协调发展问题。安树伟（2004）的研究表明行政区边缘经济现象存在于我国行政区交界地带，其原因是行政因素对行政区边缘地区经济发展具有约束作用。

对于省际边界地区的实践研究则是在行政区经济理论的指导下，讨论省际边界地区产业协作以及区域协同发展问题。安树伟和张素娥（2003）从交易成本的角度分析了蒙晋陕豫交界地带区域经济合作的现状、模式和存在问题，省区交界地带经济发展缓慢的原因之一是交易成本过高，并提出降低省区交界地带交易成本的对策。李志刚等（2002）认为陕甘宁接壤区具有建设能源重化工基地的资源基础和良好的外部环境，基地建设应着眼于培养产业竞争优势，及早延伸产业链，积极培育多元化产业，走可持续发展之路，并提出一系列对策和政策建议。陈治谏（1994）在川滇黔接壤地区总体发展战略研究中提出，要着力促进川滇黔接壤地区资源开发利用、产业发展结构、区域开发时空布局和战略实施的有序发展，加快建设全国能源、原材料基地，作为大西南地区开发的核心枢纽，构建长江产业带的重要组成部分。李洪伟（1995）通过对晋冀鲁豫接壤地区区域发展状况的考察，认为晋冀鲁豫接壤区区域是中国的"中部之中部"，其发展对于促进中部、带动西部相当重要，提出接壤区应加强协调力度，从总体上加强规划，提升区域协作体的级别，以发挥协作管理的效益。沈镭（1998）分析了川滇藏接壤区的矿产资源状况和区位特征，指出矿产资源开发必须坚持走可持续发展战略之路，提出了该省际接壤地区矿产资源的开发布局和对策建议。陈国阶（1998）分析了渝鄂湘黔接壤贫困山区经济发展和脱贫的经验，提出区域经济发展是脱贫的基础，区域经济发展策略的制定应着眼于宏观资源的配置和优化组合，调动有利于区域发展的一切因素。毛汉英和方创琳（1998）的研究提出了兖滕两淮地区农林业综合开发与建材开发、农林渔综合开发、渔林农综合开发和水产养殖综合开发等生态模式，这些模式的实施将促进接壤地区经济和社会的持续稳定发展以及生态环境的恢复良化。朱传耿等（2006，2012）通过对苏鲁边界区域城市的城市化模式研究，表明省际边界地区城市间普遍呈现出竞争大于合作的现象，通过区域管治等措施，可以促进省际边界地区区域城市一体化目标的实现。

对于省际边界地区区域中心城市的研究我国学者也有所关注，以增长极理论为基础，讨论了省际边界地区区域中心城市的选择及其对区域的辐射带动作用。冷志明和易夫（2008）以湖南怀化为例，提出湘鄂渝黔桂5省（自治区、直辖市）边界地区应培育区域增长极，打造区域中心城市，发挥该地区的扩张效应，扩大边界区域"中心市场"的质量和数量，促进经济的协调发展。朱翔和徐美（2011）构建湖南省省际边界中心城市的选择指标体系，运用投影寻踪和聚类分析法论证选择了湖南省省际边界地区区域的中心城市，提出湖南省省际边界中心城市的培育提升途径。薛凤旋和杨春（1997）以香港、深圳紧密结合而形成的跨界城市经济区为研究对象，总结跨界发展的特征及相互影响作用，指出深圳借助于香港资本流入等因素发展成为现代化的大都市，香港向深圳、珠三角经济腹地的扩散促进了其产业升级和国际贸易、金融和航运中心地位的巩固。谷国领（2011）从区位、经济、资源、文化等方面分析了晋冀鲁豫省际边界地区整体发展现状、特点及区内城市综合竞争力，论证了邯郸构建区域中心城市的现实条件和可行性，提出了邯郸构建晋冀鲁豫省际边界区中心城市的对策建议。刘奥东（2011）在评价湖南省省际边界城市综合实力和各城市影响范围的基础上，定性分析对比湖南省岳阳、常德、怀化、永州和郴州作为省际毗邻区的中心城市，并以郴州为例，研究提出郴州发展的功能定位和发展对策。尚正永和蒋伟（2008）在分析位于苏鲁豫皖四省交界地区的徐州城市发展现状的基础上，以区域中心城市发展规律为指导，结合徐州自身的特点，提出了徐州作为区域中心城市未来发展的空间定位和产业定位建议。王友云和陈琳（2015）分析了湘鄂渝黔交界的武陵山区中心城市建设的主要障碍，提出省际边界中心城市应准确定位产业和功能，树立系统观念，加大基础设施建设，争取政策扶持。韩玉刚和叶雷（2016）分析了省际交界地区发展滞后的原因，从城市规模、商业服务、公共服务、交通通信4个维度构建了豫皖省际边缘区城市中心性评价模型，利用因子分析法和熵值法测度豫皖省际边缘区城市中心性，并利用场强模型和GIS技术划分城市腹地，分析表明，阜阳市具有建设成为豫皖省际边缘区核心城市的外部环境，并提出发展对策。李永群等（2016）通过城市中心职能强度评价，确定浏阳为湘赣边界地区的中心城市，在分析浏阳建设省际边界地区区域中心城市的优势和劣势基础上提出建设的具体途径。肖振西（2007）、牛彦军（2004）分别对边缘城市建设区域性中心城市模式进行探究，并以河南安阳为例展开实践讨论。荣丽华（2015）通过对内蒙古区域中心城市生长环境、空间布局特征和发展现状的分析，遴选出锡林郭勒盟南部区域中心城市，并以"生长型"规划理念和方法探讨了传统草原城镇生长为区域中心城市的途径与策略。董田春和乔志强（2003）分析了榆林建设区域中心城市的条件、战略思路和实施措施。何龙斌（2014）从经济基础、地理位置、接受辐射和扶贫攻坚等角度对陕甘川3省交界地区分析后，认为汉中作为陕甘川省际边缘区增长极城市具有经济优势、地理优势、空间优势和效应优势，并提出培育省际边界增长极的对策建议。

## 2.2.3 城市与区域发展的关联性

### 1. 城镇体系与区域发展研究

城镇体系发展研究构建了区域发展研究的框架。在新的市场经济下，各种要素共同作用，市场竞争合作活动活跃，区域城镇体系与区域发展研究开始转向单个城市及区域城市体系竞争力上。胡序威（2005）指出随着市场经济的发展，城镇的发展在市场作用下早已冲破行政区划的限制，因此区域城镇体系规划要突破行政区划的限制，以促进区域经济良性合作竞争为目标。宋家泰和顾朝林（1988）指出区域城镇体系规划应该以区域经济发展为主导，考虑城市职能类型组合，区域城镇体系可以指导协调区域经济、社会、环境协调发展。杨燕新和曹毅（2014）指出城镇体系与经济发展相互影响、相辅相成，人口和经济活动的聚集在城市中以乘数效应扩大，区域间通过城镇体系进行的专业化分工与合作可以进一步提高区域经济发展效率。陈皓峰和刘志红（1990）指出区域城镇体系在低级均衡阶段应注重培育大城市，集中投资和培育大城市作为区域发展战略核心。朱帆（2001）提出要发展中心城市作为增长极带动区域经济发展，同时通过合理布局城镇体系促进区域经济发展。信颖（2005）分析了辽宁区域中心城市的影响力和辽宁城镇网络体系，并根据城镇体系与经济发展的关系提出辽宁城镇体系建设的相关对策。

### 2. 区域中心城市与区域发展研究

从城市与区域关系角度出发，研究重点是区域中心城市与区域的关系。一方面从中心城市自身职能与特征出发，讨论区域中心城市在区域的分工、区域发展的模式及影响机制；另一方面讨论区域中心城市发挥的辐射带动作用，具体包括区域中心城市影响范围及模式研究，区域中心城市对卫星城的带动发展研究。

在区域中心城市的合作分工研究中，许多学者开展了理论创新与实证研究。杜家元和周永章（2009）对泛珠三角地区区域中心城市之间互动竞合机制进行了分析，提出了区域中心城市合作发展的重点任务。高玲玲和周华东（2009）构建了区域中心城市及区域经济增长贡献的评价体系，评价了我国中部地区主要城市对区域发展的贡献。蒋团标（2006）对滇桂地区进行了实证研究，研究开放格局下区域中心城市对区域经济发展统筹融合途径，探索区域中心城市经济融合的一般规律。黄细嘉（2007）总结了武汉、长沙、南昌旅游合作的现状及存在问题，提出创新区域旅游联动发展的多元合作模式有助于推动区域旅游业合作发展，提高区域旅游业竞争力。曾鹏和蒋团标（2006）从区域中心城市重新定位的角度出发，研究提出区域中心城市生产力再布局的一般规律。毛月平和加年丰（2004）在对晋城研究的基础上，提出区域中心城市的聚集和辐射功能是在比较利益推动、市场机制驱动、制度变迁促动、人居环境拉动等多种因素共同作用下实现的。詹斌（2007）通过对区域中心城市泛区域道路运输一体化的研究，提出了泛区域道路运输一体化发展的理论及对策，并对武汉城市圈进行了实证分析。岳虹辰（2002）提出在制度创新的基础上，发挥区域中心城市的空间调控作用可以有效带动区域经济发展，并针对"环郑州经济圈"的区域经济发展提出调控对策。谢永琴（2001）提出要充分发挥区域中心城市的优势和带动作用，通过区域中心城市的建设发展带动西部区域经济发展。

区域中心城市的空间扩散效应及其影响因素也是城市与区域发展研究的重要方向之一。宁越敏和严重敏（1993）指出不同类型的区域中心城市其空间扩散效应不同，会带来中心城市空间发展的不平衡问题，总结了不同类型区域中心城市的发展特征并提出了建议。闫卫阳等（2009）分析了4种主要的城市空间相互作用理论模型的原理和机制（赖利-康弗斯模型、引力模型和潜力模型），在总结分析断裂点模型演进、拓展及缺陷的基础上进行修正，并提出将空间分割原理与断裂点模型相结合用于划分区域中心城市腹地影响范围。王德和项曰丙（2006）对驻马店的影响范围及其变化进行了分析，结果表明，腹地的消长会影响城市重心的移动，城市影响腹地范围受到区域性交通条件变化的影响。铁殿君（2006）运用因子分析与线性加权模型，分析了将安阳建设为豫北区域性中心城市的可行性。冯德显等（2006）讨论了综合经济、技术、设施支撑、人力资源等影响因素与郑州辐射腹地范围的关系。郭庆胜等（2003）研究了在 Delaunay 三角网的基础上，划分区域中心城市空间影响范围的方法。李平华等（2005）用 20 世纪 90 年代江苏省区域中心城市的经济数据进行定量分析，发现其增长模式和集聚扩散特征存在南北差异。

同时，也有学者从区域中心城市对周边城镇、卫星城带动的角度出发研究区域中心城市的辐射影响。王花兰等（2006）、周伟等（2006）构建了交通与城市空间扩展影响模型，研究了区域交通条件与中心城市空间扩展的相互关系，提出交通引导下的区域中心城市空间扩展模式，并建立了经济扩散模型，将经济扩散通量作为卫星城镇规划的重要依据之一。侯景新（2002）以卫星城为研究对象，分析了卫星城对中心城市的作用机制，提出了卫星城规划要以疏散工业、环境保护为重点。

李锦兰（2007）梳理了国内外区域中心城市与卫星城市协调发展的研究，评价了武汉及其卫星城镇的发展关系及特征，提出武汉与周边卫星城镇的协调发展战略。程丽辉和王兴中（2003）运用建立的中心城市与卫星城的生活空间质量评价综合指标体系对西安及其卫星城镇生活空间质量进行了实证研究。

## 2.2.4　区域中心城市的发展建设

### 1. 城市中心性评价研究

国内研究者用中心性指数（centrality index）表征城市中心性大小，通过一系列相关数据计算中心性指数（Preston，1970）、确定城市辐射范围、总结城镇体系的网络结构与各城市间空间相互作用特征（Irwin and Hughes，1992）。运用城市中心性衡量各城市在区域城镇体系中的地位及作用，并根据中心性大小划分城市腹地范围、确定区域城镇体系的等级层次对指导城镇体系建设具有重要意义。

周一星等（2001）界定了城市中心性概念，利用最小需要量和主成分分析法，对我国地级以上城市的中心性等级体系进行了实证研究，按照城市中心性指数由高到低把我国城市划分为 5 级体系。薛丽芳等（2009）基于熵值法，从生产、商贸、信息、交通和科教 5 个方面构建城市中心性的综合评价指标体系，用熵值法对淮海经济区城市的中心性进行了评价。张敏（1998）通过计算江苏 13 个地级市的城市中心性指数和地区发展状况指数，总结江苏各中心城市发展特征及其空间分布规律，提出江苏区域中心城市的发展思路。王茂军等（2005）基于城市中心性的分析对近 50 年来山东中心城市的空间分布及其紧密腹地、松散腹地的变动进行分析，认为山东中心城市的等级性逐渐显化。孙斌栋等（2008）用区位熵和主成分分析法测度了辽宁地级以上城市的中心性，分析了辽宁当前城市发展在区域经济空间结构、社会经济体制、产业结构、经济外向度等方面的问题。俞勇军和陆玉麒（2005）以省级行政中心城市为例，研究了城市中心性影响因素及各因素对中心性程度的影响，分析了我国部分省级行政中心城市中心性作用不强的原因。陈田（1987）分析了城市因素对区域发展的影响，评价了全国232 个城市 15 个经济指标，划分了区域经济影响中心和城市经济影响区域。顾朝林（1991）、顾朝林等（1999）、顾朝林和庞海峰（2008）结合图论原理与因子分析，应用 33 个指标评价了 1989 年我国 343 个城市的综合实力，将全国划分为九大城市经济区。宁越敏（1991）、宁越敏和严重敏（1993）提出区域中心城市的概念和标准，采用市区非农业人口、全市工业总产值和市区邮电业务 3 个经济指标，计算全国符合标准的 35 个主要城市的中心性指数，分析了我国区域中心城市的不平衡发展，并提出发展对策。李妮莉（2004）以人口密度和 5 个辐射性行业从业人员比例为指标，计算武汉、成都、西安、杭州、重庆 5 个城市的中心性。林涛和刘君德（2000）借鉴并简化了顾朝林（1991）关于中心城市实力指数综合评价指标体系，选取市区非农业人口、全市国内生产总值、市区第三产业产值、市区社会消费品零售总额、市区邮电业务总量和市区高等学校在校学生人数 6 个指标反映城市经济、物质和社会实力，评价了 1996 年我国大城市的中心指数。张志斌和靳美娟（2005）建立了包括市区非农业人口、全市国内生产总值、市区邮电业务总量、市区社会消费品零售总额、市区高等学校在校生规模、全市第三产业比重、全市工业总产值和全市第二产业产值比重在内的城市中心性指标体系，并用该指标体系评价了西部省会城市的中心性。许迎华（2001）对西安、重庆、成都城市中心性进行了分析，采用的是批发业、金融业、房地产业、社会服务业和交通仓储业的从业人数占比。吴艳丽和刘兆德（2010）运用区位熵和主成分分析法对山东地级城市的中心性进行了系统研究，建立了包含商贸、服务、空间作用、制造业和对外开放中心性等 11 个具体指标构成的指标体系。刘耀彬和张安军（2009）利用潜能模型的建模思想改进了城市中心性强度指数模型，选取城市的非农业人口数、国内生产总值、城市流强度和城市之间的空间距离计算江西 11 个城市的中心性指数并划分等级。周凡（2011）综合评价了长株潭城市群中 8 个主要城市的中心性，采用的指标体系包括商贸、服务、空间作用、制造业和对外开放 5 个系统共计 10 个评价指标。吴得文等（2004）以科研和综合技术、金融保险和房地产业、卫生技术、高校教师、交通运输仓储和邮电通信业、批发零售贸易和餐饮业及制造业 7 个行业的从业人数作为评价指标，运用区位熵模型分析了 1987～2002 年福州城市中心性的变化规模。王莹和李明生（2007）以城市几何居中性、城市人口居中性、立地系数和中心城市的辐射力作为衡量城市中心性的指标，对长沙的城市中心性进行了探讨。刘艳军等（2006）以我国 15 个副省级城市为研究对象，选取空间集聚水平、经济增长水平、社会发展水平、基础设施建设水平、生态建设水平 5 个方面共计 35 个指标，采用加权和方法计算了城市化综合水平并分析了空间特征。刘嘉俊等（2011）从产贸、服务、交通、信息、对外开放中心性 5 个方面共计 21 个指标数据建立评价体系，运用熵值法对商丘、信阳、周口、驻马店黄淮 4 市城市中心性进行了评价。冯德显等（2006）以郑州为例，以经济综合、产业、企业、科技、基础设施、开放、人力资源等方面的辐射力为指标准则层，选取 31 个具体指标，采用层次分析法和断裂点法计算郑州及周边大城市的城市辐射力并划定各指标影响区域的分界点。赵群毅（2009）对全球化背景下的城市中心性进行了探讨，城市的中心职能包括工业职能、门户职能、中枢管理职能，具体研究时可根据实际情况选择网络分析法或基本活动部分测算法测量城市中心性。林彰平（2007）研究了广州城市中心性的尺度特征和约束因素，提出了增强广州城市多尺度、多维度中心性的策略。

2. 区域中心城市的聚集竞争能力研究

区域中心城市的聚集竞争能力决定了其能否发挥辐射带动区域发展的能力，因此区域中心城市的聚集竞争能力的评价及构建途径成为国内学者研究的热点和重点之一。

王赟赟和马文军（2009）比较了上海与世界其他发达国家大城市的综合竞争力，提出了将上海建设为国际性中心城市的规划建设指标体系。王何和逄爱梅（2003）比较了我国三大圈域中心城市综合功能效应，提出圈域中心城市功能优化的有效途径应该包括区域规划、区域协调机制和增强城市自身能量三方面内容。杨新海和王勇（2006）研究了城市管治中制度创新和非制度创新两个方面对提升区域中心城市竞争力的影响，并提出相应的对策和措施。戴昌钧和张楠（2005）对比了 6 个国家的城市知识发展水平，讨论了我国知识经济与国际水平存在差距的原因，并对我国向知识型经济转型的可行性进行了分析。周春应和黄涛珍（2005）对全国 35 个区域中心城市的社会经济发展水平进行了因子分析和聚类分析。刘清（2006）、党淑英（2008）主要对比分析了区域中心城市的物流竞争力。谢守红和罗红梅（2006）、佟庆（2004）、魏伟等（2009）、温洁洁（2007）、汪磊等（2009）分别采用主成分分析法、因子分析法、聚类分析法、层次分析法等不同的评价模型和方法，对我国中部、珠三角、西部、西北等地区的区域中心城市发展进行了研究。迟庆峰（2008）、贺崇明（2006）则从基础设施完善和提升的角度出发，提出基础设施的建设完善对城市的综合竞争力和影响力提升具有重要作用。刘小红（2004）、武杨（2006）、贾春蓉（2004）、陈国生等（2008）、陈素青和钟桂芬（2005）、朱俊成（2005）、李丽娟（2008）、邹君（2005）则以省域为研究区域，对各省的中心城市竞争力进行综合评价及分析，研究涉及陕西、四川、湖南、山东、江西、湖南等多个省。

### 3. 区域中心城市产业发展研究

区域中心城市对区域经济发展的带动主要表现形式为产业的组织，因此我国学者从旅游业、现代服务业、信息产业等多个方面研究了区域中心城市在区域某一产业发展方面的组织协调功能。

闫小培和钟韵（2005）对广州、北京、上海的生产性服务业发展进行实证研究，分析总结了影响我国区域中心城市生产性服务业选择和发展的因素，并提出要因地制宜地的提出不同类型中心城市生产性服务业的发展对策。刘杰（2005）、曾安和杨英（2009）讨论了区域中心城市的现代服务业产业的发展。陶犁（2001）、宋河有（2007）、杨皖苏和严鸿和（2007）主要从旅游与区域中心城市发展关系角度出发，研究了青岛、昆明、合肥、荆州等地旅游业发展与中心城市的关系，提出加强旅游经济对促进中心城市与区域发展的重要性。莫菁洁和王晓东（2010）研究了由物流园区、专业物流中心、配送中心 3 级物流节点网络体系共同构建的物流节点空间布局框架。程广平等（2006）论述了物流产业集群发展的必要条件，对物流产业组织和合作模式进行了深入研究。于淑娟和石静（2008）提出了针对张家口的城市发展规划的现代物流业发展对策。金祥荣和王桤伦（2002）、焦文旗（2003）分别对杭州、石家庄区域物流中心的建立与发展提出了对策与建议。

部分学者也重点关注了区域中心城市的产业结构发展。徐勇以武汉为例对区域中心城市第三产业发展对城市化水平的影响、城市综合实力的提升进行了研究（徐勇等，2007）。陈丽红（2003）对美国大都市区中心城市由制造业为主导向服务业为主导的经济体系转型原因进行了分析，提出这一转型的实质是大都市区中心城市适应美国经济向后工业化转型的表现。张复明和景普秋（2007）以太原为例研究了资源型区域中心城市产业演进的基本规律，总结不同发展阶段产业演进与城市化发展的特征和机制。

4. 区域中心城市发展建设研究

对于区域中心城市发展建设研究基本遵循在梳理区域中心城市经济及空间结构发展演变的基础上，提出区域中心城市发展战略的研究思路。

将区域中心城市的动力机制和演变规律作为研究重点。马小宁（2007）通过回顾洛杉矶从地区性中心城市到全球性城市的发展历程特征，分析了洛杉矶崛起的原因。张智林（2006）研究了广州的发展及其影响因素，提出城市发展基础及优势条件、城市产业结构、城市规划、国际经济环境和国家政策等因素共同影响区域中心城市的发展及变迁。林涛和刘君德（2000）分析和讨论了20世纪80~90年代中后期我国区域中心城市的发展状况和特征，对我国区域中心城市发展的宏观政策制定提出了建议。

区域经济学者研究了流量经济对区域中心城市发展的影响。张超（2008）、白永平（2007）、张海峰（2009）从流量经济的角度出发分别分析了城市竞争力、城市交易效率和空间结构与流量经济的关系。

城市规划学者将区域中心城市的空间结构研究作为焦点。修春亮和祝翔凌（2005）在对葫芦岛进行调研的基础上，提出区域中心城市在多元动力共同作用下进行空间扩张，多数地方性中心城市的发展动力单一化或简单化，难以有效推动中心城市的空间扩张。邓祖涛和陆玉麒（2007）分析了汉水流域区域中心城市空间结构演变的历史历程，指出汉水流域区域中心城市空间结构演变的双核特征具备广泛的应用价值和研究价值。王晓琦（2007）总结了东北4个区域中心城市空间结构演化的现状特征，从资源禀赋、交通条件、产业结构和城市规划等方面对区域中心城市空间结构的影响因素和动力机制进行了比较分析。徐超平（2008）分析了空间转移趋势动因，并提出目前区域中心城市发展应坚持"内外兼顾、互有重点"的空间发展策略。

在研究区域中心城市发展战略及模式时，大部分学者从宏观的战略背景出发进行讨论，也有学者以特定的城市为研究对象展开实践讨论。宁登和蒋亮（1998）提出经济全球化带来了城市国际化水平提高和国际性中心城市发展崛起的机会，我国国际性中心城市参与世界竞争的核心是发展创新产业。张善信（2001）分析了淮海经济区区域中心城市建设中存在困难的经济学原因，提出资本积累、分配和使用的属地化与城乡户籍行政隔离制度是重要影响因素。邓春玉（2009）从地缘经济关系的角度出发，提出要将调整地缘经济发展战略作为提高区域中心城市地位的首要任务，在建设区域交通通道的基础上优先发展现代服务业。周诚君等（2001）提出杭州建设区域中心城市的核心是在城市经济结构战略性调整的同时加强城市功能建设，实现与上海的错位经营，将杭州打造成专为地区中小民营企业提供专业化服务的区域金融中心。尹稚等（2001）反思了传统中心地理论指导下的城市发展政策，提出要将广州作为现代化网络型城市群体中重要核心城市的发展战略。青岛发挥中心城市带动作用研究课题组（2005，2006）调研了青岛发展情况，提出山东城乡经济社会一体化发展要以区域中心城市建设为重点，区域中心城市要提高城市能级、综合实力，以更好地发挥辐射扩散作用。夏谊（2007）分析了温州的功能定位，提出温州的发展要以发展独占性资源产业和培育知识密集型产业、构建制造业分工体系为核心。此外，杜红（2006）、赵琪（2004）、钱天鹏（2009）、李海涛等（2006）、米文宝和廖立君（2003）分别对郑州、长春、重庆、宜昌、银川建设区域性中心城市提出了具体建议和对策。

同时，也有许多学者提出区域中心城市的可持续发展模式。宋锋华（2010）引入了城市可持续发展风险评价指数，用可持续发展风险系数和协调发展风险系数等构建综合评价模型，评价了乌鲁木齐的可持续发展风险。李志刚（1999）对保定的可持续发展进行了研究。

## 2.3 行政区边界地区协作发展的实践经验

### 2.3.1 国外实践研究

1. 东京大都市经济圈发展

东京大都市经济圈是以东京为中心的城市聚集区，城市化率达到 80% 左右，东京大都市经济圈是集工业、商业、金融、政治、文化等多种功能为一体的综合性大都市圈。东京大都市经济圈内不同等级的城市共同作为区域经济中心，通过功能互补实现分工协作，带动区域发展，其中东京港和横滨港是区域实现对外开放的门户。宽松的政策和区域协调机制为大都市经济圈内城市跨行政区界线发展创造了良好的外部环境。

东京大都市经济圈发展为区域经济一体化发展提供了重要的经验借鉴。在产业发展方面，都市圈要建立良好的产业分工合作体系，增强区域经济发展的根本动力。在区域发展空间结构组织方面，要加强交通联系，构建区域多核心共同驱动发展的空间结构；要充分发挥市场的优势，激发区域自主发展活力，同时以政府规划和政策支撑作为区域发展基本保障。

2. 欧盟经济一体化发展

欧盟的区域协作发展模式是全球范围最大、协作程度最强的跨行政区域军事和经济协作发展模式之一。欧盟经济一体化发展主要有 3 方面重要经验：①建立区域协调发展机构，发挥区域整体规划和组织的作用，欧盟专设的欧盟委员会及其下设的地方政策总司负责地区经济发展政策制定及实施；②为区域发展提供金融支持，欧洲投资银行为区域发展提供资金支持，主要投资领域为基础设施、产业发展及公共服务设施建设；③规范可行的法律和政策形成了欧盟区域协调发展的政策保障。

## 2.3.2　国内实践研究

1. 武陵山片区区域一体化发展

武陵山片区位于湖南、湖北、贵州、重庆交界处，是我国典型的少数民族跨省级行政边界的连片特困区域。武陵山片区以往的发展受到行政边界的影响，产业类型雷同、产业分工混乱，区域空间组织效率较低，区域发展缺乏竞争力。近年来，武陵山片区开始探索区域协调发展，协作发展经历了"非组织地下协作—非组织公开协作—有组织公开协作"的历程。讨论武陵山片区区域发展中存在的问题，研究其区域协调发展战略，对我国加快省际边界地区发展具有重要的借鉴意义。

武陵山片区区域一体化的发展，其核心动力是区域内要素聚集形成增长极，并发挥核心辐射带动作用来实现区域协调发展。其表现为区域内经济、社会、产业发展水平提高，区际内城市交流增强，区域发展空间结构优化（图 2-6）。在区域产业整合方面，省际边界地区处于各省发展外围，对各自行政区的中心城市依赖度很低，因此武陵山片区产业化协同发展需要先构建区域中心城市，在中心城市的协调组织下，依据片区内各城镇的比较优势确定其产业分工与合作体系。武陵山片区产业整合中将 6 个地级城市确定为不同产业和功能的中心城市，率先整合旅游业、现代服务业、加工制造业和农产品加工业，通过功能互补和产业协作，建设有机联系的区域产业体系。在区域发展的空间格局方面，划分不同类型的功能区，确定不同等级的中心城市，完善交通网络建设，连通区内各等级城市，共同构建区域发展空间格局。武陵山片区根据《全国主体功能区规划》划分为重点发展开发区、农业生态经济区、自然生态环境保护区 3 个主要功能区；以黔江区①、恩施市、张家界市、吉首市、怀化市、铜仁市为区域发展重点，构建"六中心四轴线"的空间结构格局，建设"两环四横五纵"的区域交通网络，加强对区域协调发展的保障。

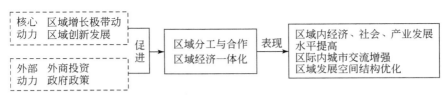

图 2-6　武陵山片区区域一体化发展的动力及表现

2. 川滇黔省际边界地区总体发展战略

川滇黔接壤区包括四川省西南部、川南地区，云南省东北部和贵州省西北部。该区域具有丰富的金属资源、森林资源，是我国自然资源最丰富的地区之一，自然资源单项优势突出，具有较大的开发潜力，同时该区域也是多民族聚居区，是西部地区"老、少、边、穷"的典型代表。因此，川滇黔发展模式的讨论和研究对我国西部省际边界地区的区域开发具有重要的指导意义。

川滇黔省际边界地区经济发展应充分发挥资源优势，将能源与原材料工业作为主导产业，以农副产品加工业作为辅助，交通物流业作为区域协作与对外开放的保障。积极创新化工产业发展模式，建立资源开发的特色产业体系，提升酿酒产业竞争力，构建多元化、多层次的综合开发性产业体系。构建点轴有序开发的空间结构，将六盘水、宜宾、泸州、攀枝花作为区域增长极，以金沙江、成昆铁路、贵昆铁路为发展轴线，构建以中心城市为轴心，以河流、交通线为发展轴线的空间开发结构。

3. 我国区域中心城市建设实践

从我国区域中心城市建设的实践经验来看（表 2-1），构建区域中心城市要

_____

①　黔江区为重庆市辖区，行政级别为正厅级。

在分析城市辐射影响区域内的竞争协作关系基础上，明确该城市在区域内的优势与劣势，以此制定区域中心城市发展战略，发挥中心城市的优势，通过区域协作弥补发展短板。区域中心城市建设采取针对性强的发展措施，来发挥城市在交通、产业、文化等方面的比较优势，不断提升城市基础承载力和综合服务功能，增强城市的集聚辐射能力，提高城市核心竞争力。

表 2-1　我国部分区域中心城市建设实践经验

| 城市 | 定位 | 主要做法 |
|---|---|---|
| 沈阳 | 国家历史文化名城、国家旅游城市、全国装备制造中心、区域商贸流通中心、区域性金融中心 | 立法保护重点历史建筑，协调城市规划、发展与历史建筑保护之间的关系；旅游产业转型升级，做好旅游资源保护与规划，实施旅游精品战略，提升旅游产品的核心竞争力；打造世界一流的装备制造业基地，老工业基地步入科学发展、创新发展、和谐发展的新轨道；加强与东北地区的紧急合作，引进商贸物流和金融机构 |
| 武汉 | 区域性金融城市、国家重要铁路枢纽城市、国家历史文化名城、国家优秀旅游城市 | 与国际金融市场对接，出台扶持性政策和措施，鼓励金融机构创新金融工具和服务方式；牢抓铁路大发展的机遇，规划、建设一大批铁路项目；着力保护历史文化遗存；抓认识、抓载体、抓营销、抓服务、抓合作，牢固树立大旅游和综合性产业观念 |
| 宁波 | 历史文化名城、重要港口城市、长三角南翼经济区 | 加强物质文化遗产和非物质文化遗产的保护与开发；以"加快国际强港建设"为核心，推进港口产业升级和区域协调；把增强自主创新能力作为科技发展的战略基点和调整经济结构、转变增长方式的中心环节 |
| 青岛 | 全国品牌之都、东部沿海经济中心、国家海洋科研基地、国家旅游中心城市 | 立足青岛海洋科技、教育优势，优化产业发展布局，培育高端产业；充分利用国家政策，运用自身的财税杠杆，提高青岛的装备水平和生产能力，造就一批在全国同行业中极具实力的名牌企业；利用特殊的历史积淀，传承历史文化，发展旅游产业 |
| 银川 | 历史文化名城、西北地区中心城市、新亚欧大陆桥沿线重要商贸城市 | 保护管理和开发展示银川境内具有深厚文化价值内涵的历史文化遗存，拓宽历史文化名城的保护空间；加强区域服务中心职能和城市生活中心建设，提供区域性的大服务、大贸易职能，实现跨越式发展 |
| 乌鲁木齐 | 煤油资源中心城市、多元文化城市、绿洲经济城市 | 乌鲁木齐是新疆能源资源的集散储运中心，也是新疆煤炭资源的集中分布区，立足原汁原味特色的艺术资源挖掘与开发，以旅游为媒介活性剂，搞好城市文化与艺术的多元建设；打"绿洲"的名牌，城市经营走上了一条循环经济的道路；以城市建设为中心，全力建设城市重点精品工程 |
| 昆明 | 国家级历史文化名城、国家一级口岸城市、休闲度假旅游胜地 | 充分利用悠久历史和丰厚文化底蕴，结合独特自然气候与风景优势大力发展旅游业，吸引来自各地的游客；利用其便利的交通运输环境，加强与周围各地的经济文化交流，成为我国西部最重要的中心城市之一，并发展成为滇中城市群的核心圈，中国面向东南亚、南亚开放的门户，中国唯一面向东盟的大都市 |

# 2.4 对行政区边界地区与区域中心城市研究的思考

国内外关于区域协作发展、城市与区域关系以及中心城市的研究成果丰硕，其研究涉及不同层次和方向，涵盖了区域协调发展的方方面面，但对于省际边界地区以及省际边界地区区域中心城市的研究相对较少。

国外研究方面：①关于区域经济发展、城市与区域关系方面的理论研究，为省际边界地区构建区域中心城市及其发展路径提供了理论支撑；②关于行政边界区域发展研究都是在边界地区协作组织自发形成之后，对区域协作发展现状的研究和经验总结，缺乏对行政边界区域发展模式的创新探索；③地理学、区域经济学经典理论中出现了关于行政区边界的描述，经济学、社会学领域对行政区边界地区贸易、人口流动等方面的研究较多，但是理论体系的完整性和系统性还有待完善；④有影响力的区域中心城市的建设实践经验表明，区域中心城市建设不仅依赖资源条件，还需要良好的基础设施作为保障，城市应以开放的态度参与区域性乃至世界性的生产分工，形成多个城市对外功能的高度聚集。

国内研究方面：①学者应用经典理论对区域及城市发展做了丰富的实践研究。研究了以政府为区域竞合发展主体的区域经济发展，但是在研究"经济区经济"时多选择区域经济社会发展水平较高的城市群为研究对象，而边缘化特征明显、经济发展相对落后的行政区交界地区，在区域经济发展研究中被关注的程度有限。②省际边界地区经济社会发展研究多以经济学理论为基础，探讨经济活动在边界对资源配置、商品流通的阻隔效应，揭示行政区边缘经济现象的本质。我国省际边界地区类型多样，学者在特定交界地区开展了大量实践研究，提出了有针对性的发展对策和建议。③区域中心城市与区域协调发展研究方面，已有研究涉及城市与区域合作的动力机制和模式，区域中心城市与区域经济增长绩效评价以及区域中心城市对区域生产力空间布局的影响等。区域中心城市的发展建设问题受关注度较高，学者从区域中心城市的发展流变、空间结构、发展策略、经济发展等角度进行了大量的实证研究。

# |第3章| 省际边界地区特征及其区域中心城市的职能构成

我国有34个省级行政单元,省际边界地区占据了相当比例的国土面积。然而,由于地理位置偏远、远离省级行政单元内发展中心、受行政界线制约等,省际边界地区发展状况普遍较差。省际边界地区作为一个整体,其经济发展的实质是以区域中心城市的发展为重点,通过发挥其辐射和带动作用,逐渐带动区域中心城市周边城镇的发展,进而带动整个省际边界地区的发展。区域中心城市在组织和带动整个省际边界地区发展过程中发挥着举足轻重的作用。因此,本章针对省际边界地区主要特征,分析了省际边界地区区域中心城市如何才能发挥对整个省际边界地区经济、社会发展的组织和带动作用,即系统梳理了省际边界地区区域中心城市的职能构成。

## 3.1 省际边界地区的类型与特征

### 3.1.1 省际边界地区的界定

边界地区是指在一定范围内某经济区、自然区、行政区(如国家、省级行政区等)和其接壤的其他经济区、自然区、行政区(如国家、省级行政区等)在交界处所形成的特定空间范围,是以边界为中线向外扩散的地理空间。

省际边界是指两个或以上省级行政单元之间的分界线,在地理空间上是相对稳定的。目前国内学者对省际边界地区的概念和称呼尚未统一,依据概念界定的侧重点不同,大致可以归纳为两类:第一类包括省际边界区域(朱传耿等,2006)、省区交界地带(沈立人,1998)、省际毗邻地区(刘玉亭和张结魁,1999)、省际接壤地区(刘与任,1986)等概念,侧重于表达区域与行政边界之间的关系,是两个或以上省级行政区在行政管辖范围交界处所形成的特殊地理空间。第二类包括省际边缘区(韩玉刚和叶雷,2016)、省际边境区域(郭祖炎和肖丽娟, 2007) 等概念, 侧重于表达区域与省域中心城市之间的关系, 是远离省域政治、经济中心 (通常为省会城市) 且与省际边界相邻的地理空间。本书的省际边界地区是指按照我国现行行政区划范围, 省级行政区 (含自治区、直辖市) 与省级行政区 (含自治区、直辖市) 之间相邻的区域。

省际边界地区的地理空间范围是以省级行政区边界为起点, 以某种标准向行政区内部横向延展一定范围, 但对于延展范围目前还没有统一的界定标准。省际边界地区地理空间的核心是省际边界, 一般情况下会形成沿边界线纵向延伸的带状区域。实际研究中, 省际边界地区的范围界定原则和方法具有多样性。既可以将省际边界两侧较低一级的行政区范围划入省际边界地区, 也可以按照经济、文化联系程度的紧密性, 依据断裂点理论, 通过中心城市的引力范围在省际边界两侧划出一定范围的区域作为省际边界地区。两种划定方法各有利弊, 前一种方法可以明确的划分出省际边界地区的空间边界, 但有可能忽略了与之经济、文化联系紧密, 且在空间上相邻的其他某些区域; 后一种方法在操作层面上具有一定的难度, 经济、文化联系在空间上的边界比较模糊, 难以划出边界的空间位置。在实际研究中, 可以将两种方法结合起来判定省际边界地区的空间界线, 即在保持下一级或者下两级行政区边界完整性的基础上, 综合考虑省际边界相邻区域在社会经济、地域文化等方面联系的紧密程度及共性特征来确定省际边界地区的具体空间范围。

## 3.1.2 省际边界地区的类型

### 1. 按几何特征划分

按几何特征划分是指根据省际边界地区涉及行政区数量的多少, 即交界的维数, 将省际边界地区划分为二维省际边界地区 (2 个省级行政区之间的边界地区)、三维省际边界地区 (3 个省级行政区之间的边界地区)、四维省际边界地区 (4 个省级行政区之间的边界地区) 等。

事实上依据严格的几何特征, 我国的省际边界地区只有二维省际边界地区 (如川滇、陕川、晋豫、湘赣、苏皖边界地区等) 和三维省际边界地区 (如川滇黔、陕甘宁、鄂豫皖、晋陕豫边界地区等), 没有更高维度的省际边界地区。但是, 有时考虑到省际边界地区自然特征和社会经济水平的相似性, 往往将范围扩大至多维省际边界地区, 且以四维省际边界地区为主 (如苏鲁豫皖、晋冀鲁豫、浙闽赣皖边界地区等）。二维省际边界地区省际边界呈"1"形，三维省际边界地区省际边界呈"Y"形，四维省际边界地区省际边界呈"工"形（图3-1）。

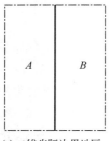 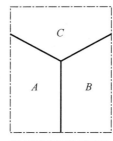 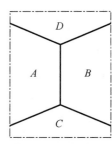

(a) 二维省际边界地区　　　　(b) 三维省际边界地区　　　　(c) 四维省际边界地区

—— 省界　　—·— 省级边界地区界

图 3-1　省际边界地区按几何特征划分分类

进一步将省际边界地区的几何特征进行归纳，将由 $n$ 个行政区分辖的边界地区称为 $n$ 维边界地区，并构建 $n$ 维边界地区的经济系统优化模型，借助数学模型来定量分析和解释不同几何特征省际边界地区的经济运行规律（郭荣星，1993）。

$n$ 维省际边界地区的空间经济行为的数学表达式如下：

假设 $X_{ni} = (X_{ni1}, X_{ni2}, \cdots, X_{nim})(i = 1, 2, \cdots, N)$，其中，$X_{ni}$ 代表第 $i$ 个行政管辖区的经济行为变量，$g_{ni}(i = 1, 2, \cdots, N)$ 代表每个行政管辖区经济运行的约束条件，并且

$$g_{ni} \subset g_1, \ g_{n1} \cup g_{n2} \cdots g_{nN} = g_1$$

$f_{ni}(X_{ni})(i = 1, 2, \cdots, N)$ 代表每个行政管辖区经济行为的目标函数，由于省际边界地区中 $N$ 个行政管辖区经济利益彼此相互独立，则有

$$f_{n1} \neq f_{n2} \neq \cdots \neq f_{nN}$$

每个行政管辖区经济运行的约束方程式分别为

$$g_{ni}(X_{ni}) = g_{ni} \quad (i = 1, 2, \cdots, N)$$

一般情况下，省际边界地区每个行政管辖区的经济发展制约因素也各不相同，即

$$g_{n1} \neq g_{n2} \neq \cdots \neq g_{nN}$$

根据以上假设，建立 $n$ 维省际边界地区的经济系统优化模型

$$\min Z_n = \sum_{i=1}^{N} d_{ni}$$

$$\text{s. t.} \begin{cases} f_{ni}\,(X_{ni})\ +d_{ni}=M_{ni} \\ g_{ni}\,(X_{ni})\ =g_{ni} \\ X_{ni}\in\,(0,\ +\infty) \\ d_{ni}\geqslant 0,\ M_{ni}\ \text{足够大} \\ i=1,\ 2,\ \cdots,\ N \end{cases} \tag{3-1}$$

以上模型存在最优解。

上述分析可知,在相同的自然资源和技术经济条件下,$n$ 维省际边界地区经济运行的最大产出将不会超过 $n-1$ 维省际边界地区的最大产出。也就是说,省际边界地区涉及的省级行政区越多,其经济运行的空间约束条件就越多,各种经济潜力和优势就越难发挥。例如,湘赣边界地区(二维省级边界地区)2014 年经济总量为 14 707. 16 $\times 10^8$ 元,所含市均 GDP 达到 2941. 43 $\times 10^8$ 元,浙闽赣边界地区(四维省级边界地区)和鄂豫皖边界地区(三维省级边界地区)的市均经济水平均不到湘赣地区的 1/2。

2. 按自然地理特征划分

我国省级行政区之间的界线从整体上看,多依托自然的山脉、江河、湖泊作为分界线。因此,按照省际边界所在区域的自然特征,可将省际边界地区划分为山系型边界地区、江河型边界地区、平原及丘陵型边界地区三大类型(梁双陆,1998)(表 3-1)。

表 3-1　省际边界地区不同自然特征类型的典型区域

| 自然特征类型 | 典型区域 |
| --- | --- |
| 山系型边界地区 | 以武陵山为界的湘鄂渝黔边界地区,以武夷山为界的浙闽赣边界地区,以大巴山为界的陕鄂渝边界地区,以太行山为界的晋冀鲁豫边界地区等 |
| 江河型边界地区 | 以黄河为界的晋陕豫、豫鲁边界地区,以长江为界的鄂赣边界地区,以嫩江为界的黑吉边界地区等 |
| 平原及丘陵型边界地区 | 京津冀边界地区、苏浙沪边界地区等 |

在这三大类型的省际边界地区中,平原及丘陵型边界地区受行政区边界的影响相对较小,发展条件和前景在三大类型中也相对较好。江河型边界地区属同一流域,是相对完整的系统,具有一定的整体性和关联性(陈南岳,2001),但由于行政区分割的影响,经济发展受到一定的限制。如果能妥善处理江河型边界地区之间经济发展、生态环境保护等关系,该类型地区依然具有良好的发展潜力。

与其他两种类型的边界地区相比，山系型边界地区受自然地理条件的约束最大，现实中该类型地区的发展水平也较为落后。

按自然特征划分的省际边界地区通常从属于同一自然区，省际边界地区内部的各部分在自然环境、经济条件、人文习俗等方面具有相同性或相似性，为均质性区域。但受行政边界的分割，省际边界地区常被分成两个或几个经济区，分属不同的行政区管理，在同一区域内呈现出异质性。

3. 按经济发展特征划分

按不同经济发展水平的组合模式，可将省际边界地区划分为"弱-弱"交界型边界地区、"强-弱"交界型边界地区和"强-强"交界型边界地区（刘玉亭和张结魁，1999）。位于省际边界地区的行政区经济发展水平组合模式不同，边界地区经济发展要素的流动、城市的辐射影响力以及城市间的合作与竞争关系具有不同的特点（图3-2）。

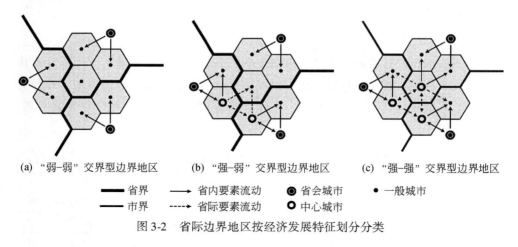

(a) "弱-弱" 交界型边界地区　　(b) "强-弱" 交界型边界地区　　(c) "强-强" 交界型边界地区

| ▬▬ 省界 | ⟶ 省内要素流动 | ◉ 省会城市 | • 一般城市 |
|---|---|---|---|
| ── 市界 | ⇢ 省际要素流动 | ○ 中心城市 | |

图 3-2　省际边界地区按经济发展特征划分分类

"弱-弱" 交界型边界地区：该类型地区是指经济欠发达省级行政区之间的边界地区。"弱-弱" 交界型边界地区边界的边缘效应和切变效应较强，区域与省级行政区内社会经济发展中心差异显著，该类型地区城市普遍规模较小，对区域的辐射带动能力有限、竞争力不高。城市之间多为低水平的竞争关系，区域合作机制有待进一步完善。在我国，该类型地区多为中西部省（自治区、直辖市）的交界地区，如位于地跨豫鄂渝川陕甘多省（直辖市）的秦巴山区、湘鄂渝黔四省交界处的武陵山区、滇黔川三省交界处的乌蒙山区、鄂豫皖三省交界处的大别山区等都属于集中连片特殊困难地区。

"强-弱"交界型边界地区：该类型地区是指经济欠发达省级行政区与经济发达省级行政区之间的边界地区。"强-弱"交界型边界地区中位于经济发达省级行政区的城市，经济社会发展水平相对高，城市规模以及综合竞争实力远超出位于经济欠发达省级行政区的城市。经济发达省级行政区的城市在边界地区具有相对较强的辐射力和带动力，从而突破了行政边界的切变效应，使边界地区其他城市和区域的各类要素快速向其集聚，而经济欠发达省级行政区的城市则会形成与其依附的协作关系。经济发达省级行政区的城市往往实现跨越行政区的城市发展腹地争夺，成为带动省际边界地区发展的增长极。该类型交界地区由于省级行政界线的分割和利益的不均衡，尚未形成很强的协作互补性一体化合作发展模式。在我国，该类型地区多为东部省级行政区与中部省级行政区的边界地区，如江苏北部的徐州和安徽北部的宿州，2015 年徐州全年地区生产总值是宿州的 4.3 倍，人均生产总值是宿州的 2.74 倍，且徐州 57.5% 的城镇化率远高于宿州 38.73% 的城镇化率，如何统筹区域发展、加强城市发展战略合作成为两城市需要共同面对的问题。

"强-强"交界型边界地区：该类型地区是指经济发达省级行政区之间的边界地区。该地区城市的社会经济发展水平普遍较高，区域中的城市规模及综合竞争力水平不相上下，在各自省域内也占有相当重要的地位。该类型地区边界的边缘效应和切变效应弱化，省际边界只是行政上的界线，而非经济上的界线。但是，各省级行政区城市之间的竞争与对弈依旧激烈，各城市通过增强城市的综合竞争力，彼此争夺集聚腹地，抢占省际边界地区的主导地位，区域城市一体化发展十分艰难。该类型地区多为东部发达省级行政区交界处，如京津冀、苏浙沪、粤港澳三大地区，它们凭借占全国 6% 的土地聚集了全国 26% 的人口，创造了占全国 43% 的国内生产总值。

## 3.1.3 省际边界地区的特征

省际边界地区虽然分属不同的行政区域，但地缘关系密切、自然条件相似、生态环境相同、人文习俗相近、经济发展水平大致相当，相互之间的经济交往已久，基本上属于在自然环境和社会发展特征方面具有较强整体性的相对完整的地域单元。省际边界地区特征及存在问题如下。

1. 地理区位的边缘性

省级行政区内部的发展水平在空间上是不均衡的，一般是省会城市的发展水平最高，随着与省会城市距离的增大，城市经济发展水平递减，经济发展差距随距离增大而递增。例如，陕甘川省际边界区、淮海经济区距离省会城市的距离与交界地区 GDP 之间的皮尔逊相关系数均为负值，国内生产总值递减伴随着与省会城市距离的递增。

我国大多数省际边界地区远离省域内的经济、政治中心，西部一些省际边界地区距离省级行政中心城市距离甚至达到 500 km，如考虑到地形因素和交通运输条件的影响，其实际交通距离还会更大，这导致省际边界地区与中心城市开展经济、社会交流和合作的成本增加，受经济核心区的辐射影响带动作用较弱，受益于经济发达地区的机会也相对较少，自给自足的生产方式难以根本改变；省级行政管理往往将发展的重点放在其核心区域，对省域经济核心区的重视和政策倾斜使资金、人才等发展的要素流向核心区区域，而省际边界地区则被逐渐边缘化，这些都是省际边界地区边缘性的表现。

在我国，某些边界地区甚至处于各自行政区经济发展圈以外的真空地带。例如，位于渝鄂湘黔四省（直辖市）边界的武陵山区，周边已形成了成渝城乡协调发展综合配套改革试验区、武汉城市圈"两型"社会综合配套改革试验区、长株潭城市群"两型"社会综合配套改革试验区和贵阳市国家级循环经济试验区四大国家级经济板块。武陵山区处于四大国家级经济板块包围之中，但却享受不到各经济发展圈的直接带动（何龙斌，2013）。当然，省际边界地区的边缘性并不是所有省际边界地区都具有的，我国部分省际边界地区城市本来就是该省级行政区的经济核心，如黑龙江省哈尔滨市、湖南省长沙市等，还有一些口岸性城市和该省级行政区的经济核心联系密切，如黑龙江省牡丹江市、内蒙古自治区满洲里市等处于省际边界地区城市的边缘性并不明显。

### 2. 行政边界的分隔性

影响省际边界地区经济、社会、文化跨行政区联系的重要影响因素莫过于行政边界的存在。由于行政边界代表着不同行政管辖和利益的界线，原则上本应作为本省与外省要素流通门户位置的接壤地区不但无法发挥门户通道作用，反而受到行政边界对地区发展的刚性约束，使省际边界地区呈现政策、市场和发展要素上的分隔性。

行政区划的不同导致省际边界地区的行政隶属关系不同，省际边界地区客观存在着的统一市场被不同的行政利益主体所分割，各省级行政区政府为了自身区域利益的最大化，彼此间经济活动产生较强的对抗性，造成了区域发展过程中的板块性断裂，这既加大了行政管理成本，又严重制约了省际边界地区的协调发展。

行政边界的分隔性导致省际边界地区中心城市的空间效率较低。省际边界地区物流、信息流、资本流、人流等要素流通的不畅，导致省际边界地区正向空间效率不足；工业固体废弃物排放、废气、废水排放等则导致负向空间效率。

行政边界的阻隔对省际边界地区基础设施建设、经济要素流动、产业扩张、市场交流等有阻碍作用，导致区内生产要素难以合理组合、自由流动，不同省属的城市之间配置重复、恶性竞争，一定程度上削弱了区域整体的综合效益与竞争能力。例如，位于鄂豫皖三省交界处的大别山区多年来除了国家投资改造的几条国道贯通省区之外，其他跨省或跨县道路很少修建。

### 3. 资源禀赋的相似性

我国省际行政边界多依据江河山脉划分，独特的自然地理条件和地质构造，使我国省际边界地区资源禀赋十分丰富。很多山系边界型的省际边界地区森林资源得天独厚，相当数量的能源及矿产资源分布在山系边界型地区。江河边界型的省际边界地区水资源丰富。尽管大部分省际边界地区拥有丰富的自然资源，但是由于地处边缘，信息渠道狭窄、交通运输不便，再加上行政区经济的分割，省际边界地区的资源优势无法充分地转化为经济上的优势，省际边界地区的区域发展处于相对落后状态。

不同省份在省际边界地区的地理上接壤，有相同或相近的地理条件和自然条件，决定了省际边界地区城市资源禀赋在一定程度上具有相似性。资源禀赋的相似性一方面为省际边界地区发展资源型产业提供了条件，有利于区域协调发展。从全国范围来看，为数众多的有着良好发展前景的旅游资源或景区大都跨越了省级行政边界，如闽粤赣三省交界区具有相似的自然地理环境和旅游资源，为发展客家文化旅游奠定了基础，还有滇川藏交界处的香格里拉旅游区及泸沽湖旅游区、渝鄂交界处的大西峡旅游区、晋陕交界区的黄河壶口瀑布旅游区、湘桂交界区崀山—八角寨丹霞地貌旅游区、闽粤赣三省交界区的客家文化旅游区、桂湘黔交界的原居民风情旅游区等。另一方面省际边界地区往往在资源开发利用上存在雷同开发，甚至过度开发的现象。还是以旅游开发为例，各省旅游开发缺乏区域旅游的概念，相互之间统筹协调程度不够，旅游产业之间彼此孤立发展是省际边界旅游发展的常见问题。例如，处于川滇交界的泸沽湖自然属性被分割，出现了丽江泸沽湖省级旅游区和四川省泸沽湖景区；山西省和陕西省对壶口瀑布分别以"中国第二大瀑布"和"世界最大的金色瀑布"进行旅游宣传，进而产生各方对区域旅游目的地旅游形象的争夺。

### 4. 生态环境的关联性

我国多数省际边界地区属于相同的自然区域,尤其是山系型边界地区、江河型边界地区往往具有相同的或相似的自然环境以及重要的生态功能,区域生态环境有密切的关联性。但是,省际边界地区在经济发展过程中,受"地区本位"的影响和利益的驱使,往往只注重经济的发展而忽视生态环境效益,不能很好地做到顾全大局,造成边界区域发展的不平衡和生态环境的愈加脆弱。例如,江河型边界地区上下游城市之间如何协调好各自发展用水量的分配协调,城市产生的生产、生活污水是否达标排放等问题,都会对边界地区发展所共同依赖的江河生态环境产生影响。省际边界地区急需建立统筹规划、联动开发、联合保护的区域生态环境保护模式,以共同维护省际边界地区城市和区域发展的生态环境基础。

此外,我国中西部地区省际边界地区大多自然条件恶劣,生态环境脆弱。大部分省际边界地区分布在高原区、山区或丘陵区,不仅地理条件差、地形地貌复杂,而且滑坡、泥石流等自然灾害频发。例如,滇黔川交界的乌蒙山区、滇川交界的横断山区、陕甘川交界地秦巴山区、鄂湘渝黔交界的武陵山区、晋冀交界的太行山区、青藏川交界的三江源地区及我国西部大部分省际边缘地区都是地理条件恶劣的地区。这些省际边界地区很多还是我国重要的森林生态功能区、生物多样性保护区、草原湿地保护区、水源涵养区、沙漠化治理区、石漠化治理区等各类生态功能区,也属于主体功能区划分类型中的限制开发区。因此,跨行政区的生态环境共同保护和协同整治,建立区域性的协调统一的资源综合开发利用、环境保护与补偿机制是省际边界地区生态环境保护工作的趋势,也是区域生态环境协调机制的难点和重点。

### 5. 地域文化的相近性

省际边界地区的文化具有丰富性、交融性和特殊性,省际行政边界是一条人为划定的界限,省际边界地区紧密相连,空间距离小,具有高度的地理邻近性,行政区界线两侧在文化、历史、地缘和人际等各方面有着密切的联系,原本不同区域的文化在省际边界地区经历长期的相互接触、交流、碰撞和融合发展,最终会形成具有相近性的地方特色文化体系(林高峰,2004)。省际边界地区的文化具有相似性,常常表现为具有共同的方言、风俗等文化同源的特征。

共同的文化资源为区域文化研究形成合力提供了基础,要共同挖掘整理和继承发展。以湘鄂赣省际边界地区为例，"一江两湖两山"① 把湘鄂赣 3 省在地理上紧密联系在一起。早在夏商周时期，湘鄂赣三省的文化受中原文化向四边扩散的影响，中原文化与当地文化产生融合后逐渐形成了独特的地域文化（杨东晨，1997）；而近代历史上，湘鄂赣革命根据地是全国最早建立红色政权的地区之一，是土地革命时期六大根据地之一，湘鄂赣交界地区成为我国重要的红色文化发源地；近年来，湘鄂赣交界地区的岳阳、襄阳和新余 3 市共同建立了公共文化联盟，搭建区域文化服务新平台，构筑区域文化发展合作新机制。

6. 区域关系的竞合性

省际边界地区相似的自然条件、相近的文化习俗、相邻的地理区位，为省际边界地区城市的竞争与合作提供了自然、文化和空间基础。经济条件对省际边界地区竞合关系影响很大，经济发达地区竞合关系所处阶段往往高于欠发达地区，竞合关系已从竞争走向竞合。而欠发达地区的省际边界地区由于所处发展阶段较低，城市之间以竞争为主，往往合作较少。我国除东部地区外，中西部省际边界地区往往是竞争强于合作，边界地区不同的省级行政区从自身利益出发制定区域发展战略的固有思维还没有完全打破，区域合作协调的实质性进展与省际边界地区求发展的迫切性还不相适应。

各省级行政区以追求自身利益最大为目标，在省际边界地区产生区域竞争成为必然。目前，省际边界地区竞争关系主要体现在产业的同构上。资源禀赋的相似性导致省际边界地区易形成相同或相似的产业结构布局，产业结构趋同现象较为普遍。产业结构的同构不仅会导致低效率的资源配置，还会使省际边界地区各地之间在原料、市场、人才、投资和出口等方面产生不规范竞争，不利于实现合理的区域分工与合作。例如，粤闽湘赣省际边界地区具有相似的自然地理环境和相近的成矿条件，因此该地区在农林产品资源、矿产资源、旅游资源等方面均存在同构现象，进而在产品生产过程中出现对资源和市场的恶性竞争。

随着省际边界地区不同行政区之间竞争激烈程度的加剧，产业结构雷同、重复建设、市场争夺等有损省际边界地区整体利益行为的负面效应逐渐显现。有些省际边界地区城市为降低各自利益损失转而主动与其他城市开展合作，如晋陕豫三省交界地区的运城市、三门峡市、渭南市成立了"晋陕豫黄河金三角经济协作

---

① 一江，即长江；两湖，即湖南、湖北交界的洞庭湖，江西、湖北交界的鄱阳湖；两山，即湘鄂赣省交界的罗霄山脉、幕阜山脉。

区"，自发寻求在区域合作中扩大自身的利益，城市之间转化为新型的区域竞合关系。区域竞合关系是区域竞争的高级表现形式，但并不是意味着省际边界地区间竞争的消失，而是竞争基础上的合作、合作态势下的竞争，是竞争与合作相互融合的动态过程。

省际边界地区分属不同的利益主体，竞争必然存在，经济全球化、市场化和开放型经济的深化，竞合已成为省际边界地区主要发展趋势，是实现省际边界地区协调发展的重要途径。因此，省际边界地区具有竞争与合作的双重性。在竞争中合作，在合作中发展，将是省际边界地区区域发展空间关系的长期特征。

### 7. 经济发展的相对欠发达性

我国中西部大部分省际边界地区仍处在相对不发达的状态，其经济水平和发展速度远低于全国平均水平。通过对 2014 年全国各城市人均 GDP 的比较，发现中西部地区人均 GDP 较低的城市（指在各省 GDP 排名中位于后 3 位的城市）90% 分布在省际边界地区，如陕甘川地区省际边界区的城市人均 GDP 在各自省份排名靠后。

造成省际边界地区经济发展水平较低的原因是多方面的。首先，地理区位的边缘性和行政边界分隔性导致了经济的欠发达性。省际边界地区受省内经济中心的辐射作用非常弱，而且每个省级行政功能区都会先将发展的重点放在其核心区域，区域发展规划和生产力布局往往以省域中心及周边地区为主。长此以往，形成了省际边界地区与省域中心地区在经济、社会、文化、公共服务等各方面的较大差距。其次，基础设施建设滞后，交通不畅成为制约瓶颈。交通运输条件是区域发展的重要支撑保障，省际边界地区的交通设施布局由于受行政管辖上的空间分割，各省级行政区交通设施自成体系、互通不畅，增大了区域经济协作发展的成本，成为制约省际边界地区经济发展的瓶颈，阻碍了区域统一协调发展。此外，省际边界地区城市发展水平普遍较低，未形成区域中心城市，城市对区域发展的辐射和带动作用难以发挥。

省际边界地区经济发展的欠发达性也并非绝对。我国东部苏浙沪、京津冀等省际边界地区的发展水平远高于中西部的省际边界地区。其原因不仅在于东部省际边界地区的自然条件优于中西部地区，更多的是得益于东部省际边界地区所形成的良性竞合关系与跨区域的基础设施保障体系。首先，东部省际边界地区以平原及丘陵型边界地区为主，自然条件的阻碍效应本身较小。其次，东部省际边界地区经济发展水平处于较高阶段，区域间已形成了较好的竞合关系，行政边界对省际边界地区经济要素流动、产业发展布局、基础设施建设的切变效应被弱化，地理区位的边缘性和行政边界的分隔性对地区经济影响较小。再次，区域内中心城市发挥着重要带动作用，如京津冀地区廊坊市，晋冀豫地区长治市、安阳市，江浙沪地区苏州市、嘉兴市等经济水平较高。最后，基础设施建设水平的提升有助于区位优势得以发挥，发达的交通条件为省际边界地区城市相互间的合作提供了支撑条件，如江苏省的边缘城市与其毗邻的上海市、浙江省、山东省、安徽省之间既有陆路相通，也有水路相连，加强了江苏省的边缘城市与周边城市的联系，促进相互之间资源等生产要素的自由流动（潘永和朱传耿，2007）。

## 3.2　省际边界地区区域中心城市职能构成

### 3.2.1　省际边界地区区域中心城市的界定

区域中心城市指一定地理范围内，在经济社会活动中处于主导地位、具有综合功能、起枢纽作用的城市，是区域的增长中心、控制中心和辐射中心，是区域中能够带动周边城镇发展的城市，具有聚集、扩散和促进区域经济协调发展等功能。区域中心城市具有以下两层含义：一是以中心城市为核心；二是与其相邻的周边城镇等区域共同组成，并能辐射带动相应区域经济发展的最大地域范围。

本书认为省际边界地区区域中心城市是地处省际边界地区的一类特殊的区域中心城市。因此，省际边界地区区域中心城市除了应该具备区域中心城市一般特征外，还具有地处省际边界地区，且远离省级行政单元内中心城市的特点，这也是省际边界地区区域中心城市选择的前提条件。综上，将省际边界地区区域中心城市定义为：除省级行政单元内内中心城市以外，地处省际边界地区，在整个省际边界地区内综合经济实力强、公共服务完备、交通通达性好，并对省际边界地区具有较强辐射带动作用的城市。

### 3.2.2　省际边界地区区域中心城市的职能构成

省际边界地区地理位置相邻、自然环境相似、人文风俗相通等特征决定了该区域是省际经济、信息、劳动力、资源等频繁交流的区域，应该被视为统一的经济区，协同发展。而省际边界地区的城市地处省域边缘区，受省域中心城市的辐射带动作用弱，加之受到行政壁垒等因素的限制，省际边界地区城市大多处于经济发展的初级阶段，在城市相互关系中往往竞争关系大于合作关系，且在资源开发利用、生态环境保护等方面存在诸多矛盾。省际边界地区作为一个整体，其经济发展的实质是以区域中心城市的发展为重点，通过发挥其辐射和带动作用，逐渐带动区域中心城市周边城镇的发展，进而带动整个省际边界地区的发展。在省际边界地区构建区域中心城市对于推动整个区域的发展显得尤为重要（谷国领，2011）。

省际边界地区区域中心城市建设的核心目标就是要打造区域增长极核和区域服务中心，通过区域中心城市对整个省际边界地区经济、社会发展的组织和带动，实现城市和地区的经济增长，并推动社会发展。因此，省际边界地区区域中心城市的基本职能可以概括为经济发展职能和公共服务职能。

经济发展职能是省际边界地区区域中心城市的首要职能。省际边界地区区域中心城市在区域经济发展中起着龙头作用、支撑作用、带动作用和辐射作用。区域中心城市首先应该从自身出发，提升产业发展水平，重点发展现代农业、新型制造业、现代服务业等，打造区域发展的经济增长极。此外，区域中心城市还应该具备引领区域协作的功能，引导区域内各城镇开展产业分工和协作，组织和带动整个省际边界地区的经济发展。

公共服务职能是省际边界地区区域中心城市的另一重要职能。相对于省际边界地区区域内其他城市而言，省际边界地区区域中心城市不仅经济较为发达，在金融、教育、文化等方面也应处于较重要地位，需具备较强的综合服务能力。省际边界地区区域中心城市的公共服务职能主要包括行政管理、行业组织、生活服务、生产服务和文化服务。

此外，良好的基础设施条件，将增强省际边界地区区域中心城市与省域发展核心及周边城镇的联系，促进省际边界地区协同发展。生态环境是省际边界地区区域中心城市发展的重要基础，区域中心城市的可持续发展、社会进步及现代化建设与省际边界地区的生态环境息息相关（图3-3）。

1. 经济发展职能

区域中心城市是区域要素、经济活动的聚集点和经济交流的枢纽，具有较大的经济规模和整体实力，是区域性经济活动的中心（吴良亚，2011）。

城市经济增长是指城市经济系统动态演化的过程，即城市经济系统数量和规模的扩张以及质量的提高。区域中心城市不仅自身具有极强的经济实力，而且还

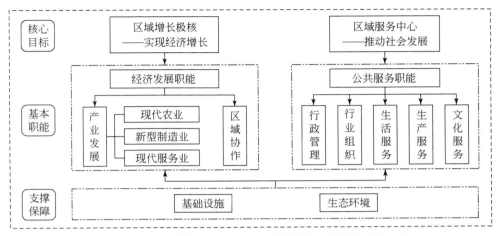

图 3-3　省际边界地区区域中心城市职能体系构建的理论框架

是省际边界地区的经济增长极，通过发挥经济辐射作用带动区域经济的整体发展。例如，苏浙沪地区的上海，京津冀地区的北京、天津都发挥着极其重要的经济辐射带动作用。对于经济发展普遍滞后的省际边界地区，区域中心城市在区域发展中更担负着重要的角色。省际边界地区区域中心城市的首要职能为经济发展职能，包括产业发展和区域协作两个方面。

**（1）产业发展**

产业是省际边界地区区域中心城市发展的物质基础，产业发展是区域中心城市形成与发展的核心支撑，只有不断壮大城市产业，实现功能延伸，才能刺激相关功能的发展，增强城市对区域的聚集和辐射力，真正发挥区域增长极核的作用。

省际边界地区发展水平和发展条件差异较大，应根据各城市的实际情况，确定产业发展方向。重点探讨省际边界地区区域中心城市产业发展的一般模式。第二产业和第三产业在区域中心城市发展过程中的地位与作用有着明显的区别：第二产业是区域中心城市发展的重要原动力，通过聚集效应推动城市规模的扩大；第三产业是在第二产业发展基础上形成区域中心城市发展的后续动力，侧重于完善城市的服务功能，增强其辐射和扩散能力。在城市发展的前期第二产业的作用更为根本，随着发展进入高级阶段或成熟阶段，第三产业的作用将逐渐增强。因此，省际边界地区区域中心城市产业发展的一般模式为以第二产业为主导，发挥优势工业，以此为基础进一步发展现代型服务业，同时发展以技术为支撑的现代农业的发展模式。

1）现代农业。目前，省际边界地区农业发展模式仍以传统农业为主，主要从事初级农产品供给和原料生产，生产方式粗放，农产品附加值低，多为低效益产业。省际边界地区区域中心城市要加强现代农业发展，以现代科学技术为基础，加快转变农业发展方式，用现代物质条件装备农业，用现代科学技术改造农业，用现代产业体系提升农业，用现代经营形式推进农业，提升农业综合生产能力、抗风险能力和市场竞争能力（柏振忠，2010）。

省际边界地区区域中心城市现代农业生产技术应具有较高的科技含量。在高新科学技术体系指导下现代农业彻底改变了传统农业的生产方式和方法，大幅度提高了农业生产的效率。例如，农业中从整地、种、管、收、运、加工等全部机械化，畜牧业中给水、给料、除粪排污等作业的计算机自动控制，都将极大地提高农产品的产量。

省际边界地区区域中心城市应具有完善的现代农业服务体系。重点开展农机推广鉴定、农业机械化安全监理等公益性服务体系建设工作。大力发展合作社、农业服务公司等经营性服务组织，提供统测、统配、统施等与实际生产密切相关的服务。

省际边界地区区域中心城市现代农业应实现产供销加一体化，使农业生产成为包括产、供、销、加紧密联系的高度组织化及规模化经营的产业，种子、化肥、农药、饲料、种畜、农机等农用生产资料由专业公司经销，农副产品收购、储存、加工等也有专门机构负责（罗惠，2012）。

省际边界地区区域中心城市应实现现代农业标准市场化发展。在区域中心城市采用先进的管理思想、管理方式和管理手段，以特色产业为先导开拓市场，以市场需求为导向，建立地域品牌，拓宽产品销售渠道，丰富产品销售方式，追求最大限度的经济效益，实现现代农业标准市场化发展。

此外，省际边界地区区域中心城市现代农业应具有功能的多元性。现代农业除从事初级农产品供给和原料生产外，还应向绿色、休闲、观光、生态等不同农业领域扩展，具有就业增收、生态保护、旅游休闲、文化传承等多种复合功能。

2）新型制造业。制造业是国民经济的支柱产业，是工业化和现代化的主导力量。国家"十三五"规划和《中国制造 2025》指出，我国制造业未来发展趋势要坚持走中国特色新型工业化道路，以促进制造业创新发展为主题（揭筱纹和罗莹，2016）。

新型制造业以当代先进技术为先导、以科学知识为支撑，它带动力大、影响力强，是省际边界地区区域中心城市经济发展的重要驱动力。发展新型制造业的本质是要实现传统制造业的产业升级，追求数量与质量协调发展，强调提升产业中的高技术含量、注重产业与产业、产业与环境协调发展。

省际边界地区区域中心城市发展新型制造业，不单纯在经济角度强调发展，更强调在发展过程中依托科技创新、重视生态建设和环境保护，强调正确处理好产业发展、创新驱动、资源节约和环境保护的和谐（王常凯，2015）。首先，改变传统的以资本、劳动力和物质投入为主的制造业增长方式，强调知识创新和技术创新，保障制造业的创新能力和竞争能力持续提升。其次，突出制造业发展与环境的良好关系，重视资源高效利用和生态环境保护，倡导走可持续发展的制造业发展道路。再次，保障各方参与者均能享受发展带来的利益，实现经济与社会的同步发展。最后，处理好当前与长远的关系，从前瞻性和战略性角度逐步推进新型制造业的可持续发展。

3）现代服务业。现代服务业是国民经济的重要组成部分，其发达程度是衡量国家或地区经济、社会现代化水平的重要标志（冯坛，2011）。现代服务业已逐步成为城市发展的主要驱动力量。这种后续驱动力主要表现为：一是企业生产的进一步发展要求城市提供更多、更好的生产配套性服务行业；二是随着收入的提高和闲暇时间的增多，人们对更丰富多彩的生活消费性服务需求增加。省际边界地区区域中心城市要大力发展服务业，包括面向民生的服务业和面向生产的服务业。

面向民生的服务业包括住房购物、文化教育、体育娱乐、旅游度假等相关产业。省际边界地区区域中心城市多位于自然资源良好、旅游资源丰富的地区。首先，应大力发展旅游业。整合旅游资源，打造精品旅游线路，提高旅游接待设施规模和服务管理水平，成为省际边界地区旅游者集散地，促进旅游企业的规模化和集团化，使区域中心城市成为区域旅游企业的集聚地。其次，积极发展文化产业。省际边界地区区域中心城市的文化产业应充分挖掘本区域的地方文化，树立地方文化品牌，提升文化产业品位，推动文化产业的市场化、网络化进程。再次，发展以居民消费为主要方式的服务业，包括汽车、旅游、娱乐等。最后，发展经营性文化娱乐、医疗卫生、新闻出版等产业。

面向生产的服务业包括运输、金融、广告、科技、咨询等。首先，大力发展金融业，积极稳妥地扩大金融业，吸引金融、保险机构到区域中心城市建立分支机构。其次，加快发展现代物流业，充分发挥区位、资源和通道优势，积极建设功能齐全的大型物流中心，并引进分工明确、专业化程度高的物流企业和第三方物流，构建布局合理、具有强大支撑辐射作用的现代商贸物流体系（滕飞，2016）。再次，发展会计师事务所、律师事务所、公证和仲裁机构、计量和质量检验认证机构、信息咨询机构、资产和资信评级机构等中介知识服务业。

**（2）区域协作**

省际边界地区城市大都远离各自省内的经济、政治中心，单凭自己的实力很难实现经济的进一步发展。区域中心城市处于特定的、关系密切的区域城镇网络之中，加强自身与区域内其他城镇之间的要素流动的能力，是增强区域中心城市经济发展职能的另一重要途径。因此，省际边界地区城市若要成为区域中心城市，还需要利用密切的区域空间关系，打破行政区划限制，与地区内其他城镇协作发展，形成区域间优势的互补。立足地区具有比较优势的资源，通过加强区域产业分工、加快共同市场建设、建立合作组织机制、加强企业合作，实现区域内的协作，进而推动省际边界地区区域中心城市成为区域经济增长极核。

1）加强区域产业分工。对省际边界地区而言，通常具有相似的资源禀赋，产业发展存在同构现象，然而省际边界地区的市场容量也是有限的。一旦出现产业同构的现象，势必会造成省际经济利益冲突。因此，为克服省际边界地区经济发展中产业同构和重复建设等问题，应充分发挥市场配置资源的基础作用和政府规划的引导作用，在区域范围内形成合理的区域产业分工，促进各城市优势产业的发展，以实现优势互补、协同发展。

省际边界地区区域中心城市在区域内部通过与其他城市间的分工与合作，控制区域产业链，主导区域产业结构的升级。区域中心城市与其他城市间的协作和交换关系，增强了区域中心城市的发展能力、竞争能力和在客观上组织区域经济的能力。

产业分工是区域中心城市形成的重要动力。省际边界地区区域产业分工包括区域垂直分工和区域水平分工两种形式。区域垂直分工是指不同区域在初级产品、中级产品与最终产品生产之间的分工，这种分工表现为区域中心城市以制造业为主，输出中级产品和最终产品，周边地区以输出初级产品为主。区域水平分工是指不同产业部门或同一制造业的不同生产阶段、不同种类的产品在不同区域间的分工。

2）加快共同市场建设。推进省际边界地区区域协作，必须培育和建立规范、有序的区域共同市场，既包括商品市场的建设，也包括要素市场的建设。统一的市场调控与管治体系，使区域商品、劳动力、投资、融资、技术等要素均能根据区域的相对优势与区域的不同需求跨行政区自由流动，促成资源的优化配置。省际边界地区共同市场建设主要包括技术市场、劳动力市场、资本市场和商品市场等。

3）建立合作组织机制。省际边界地区城市政府的合作意愿，在一定程度上决定了省际边界地区合作行为能否发生。因此，省际边界地区各城市政府必须建立统一的合作组织机制。

要实现区域协作发展，需要从宏观决策、中观管理和微观操作 3 个层面构建区域经济协同发展的组织机制。省际边界地区城市政府的正确决策是前提，职能部门的有效管理是保障，地方产业与企业的成功对接是关键（冷志明，2005）。

宏观决策层面。成立省际边界地区合作领导小组，其主要任务是创造良好的合作氛围、制定协同发展战略、确定协作重点、协调关键问题、配套相关政策、配置合作资源、推进重大合作项目等。

中观管理层面。成立由地方经济主管部门的有关领导组成的省际边界地区合作办公室，其主要任务是开展重大问题决策的前期调研、制订年度工作计划、落实相关政策、实施重大项目、构建地区对接平台、评估协同发展的进展情况等。

微观操作层面。以企业间彼此达成合作契约为依据，采取技术转让、联合攻关、委托开发和共建实体、共同开发市场、人才培养等多种形式，通过以利益为纽带、资源整合为基础的互补互利，实现高新技术与传统技术、资源与技术、管理、研发能力与经营能力的优化组合，从微观操作层面上促进区域经济合作与协同发展总体目标的全面实施（图3-4）（尹少华和冷志明，2008）。

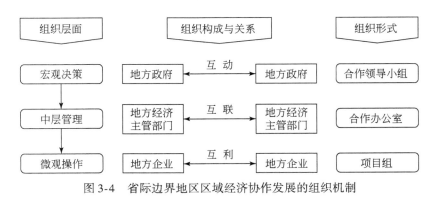

图 3-4　省际边界地区区域经济协作发展的组织机制

2. 公共服务职能

公共服务职能是指区域中心城市作为省际边界地区内的区域公共服务中心，不仅要为市辖区内的居民提供服务，还要为整个省际边界地区的城市提供服务，促进省际边界地区的发展。省际边界地区区域中心城市主要提供行政管理、产业组织、生活服务、生产服务和文化服务等服务功能。

**（1）行政管理**

行政管理职能是调节城市社会经济活动的中枢，是维持整个城市系统运行的必要保障。省际边界地区区域中心城市应该具有完善的行政管理体制和规范的政府行为，从而降低省际边界地区合作发展的行政障碍。省际边界地区区域中心城市行政管理职能主要体现在明确的职能定位、健全的机构设置和完善的运行机制等几个方面。

省际边界地区区域中心城市的行政管理职能的定位是为整个城市以及省际边界地区的宏观事务进行有效的组织和协调，从而保障城市社会生活和企业生产能够顺利进行。省际边界地区区域中心城市应拥有健全的行政管理机构，包括执行部门（金融、财税等）、中介机构（统计、信息、咨询等）、监督机构（工商、商检等）和保障部门（司法、仲裁等）。

省际边界地区内基础设施建设、资源共享、利益协调、合作环境的改善等问题并非一市或单一部门能够解决的。因此，省际边界地区区域中心城市在其行政管理的运行机制上需要进行改革和创新，建立政府合作机制，充分发挥政府组织领导、统筹协调的作用，协调处理发展过程中的关键性问题。这种机制既不是政府之间按照行政命令、采取兼并或合并方式建立集权的一级行政机构，也不是松散的政府间协调机构，而是具有一定行政职能（仅限于跨行政区职能）的政府间合作机制。这种政府合作机制一方面要满足各省级行政区政府对跨行政区公共服务的需求，另一方面要保障各省级行政区政府在行政区内行使必要的行政管理权（王健等，2004）。

在省际边界地区区域中心城市设立跨行政区管理机构，提供跨行政区公共服务，消除行政干预、打破市场壁垒，保障商品、资金、人才、技术、信息等要素顺畅流动，推进省际边界地区各城镇在旅游、交通、生态、科技、人才、工业、投资等方面的合作。跨行政区管理机构的主要职责是负责跨行政区的重大基础设施建设、重大战略资源开发、跨区生态环境保护与恢复重建等工作。省际边界地区区域中心城市还应该加强与周边城市在工商、质量监督、物价、食品药品监管、检疫、税务等方面合作，为省际边界地区内企业间的生产、经营、服务等合作提供便利，实现城市和区域整合发展与整体利益最大化（尚正永等，2010）。

**（2）产业组织**

产业组织职能是指通过在省际边界地区区域中心城市成立行业协会、市场中介组织等行业组织机构，打破所有制界限、行业界限、地域界限、部门界限，将省际边界地区生产相同或类似产品的企业联合起来，为他们提供技术、物资、市场信息等服务，在政府与企业间发挥纽带的作用。

产业组织机构在行业管理中的首要职能就是反映地区企业意愿，为本行业的众多企业提供信息和人才方面的服务，协调行业内部企业之间的竞争与合作关系，指导企业行为的健康发展。行业组织机构一方面要向政府反映企业的发展需求，使企业权益得以体现在政府的产业政策和规划中，另一方面要保证企业行为遵守国家相关的法律和政策的规定，这样才能既保证企业经营活动的独立性，又利于企业行为接受政府宏观经济调控的正确引导。

省际边界地区区域中心城市应在行业组织机构中引入竞争机制，按产业链环节、经营方式和服务类型设立行业协会。同时，建立和完善委托授权机制、合作联动机制、征询机制、监督指导机制等制度措施促进行业组织机构的有效运转，充分发挥行业协会的桥梁纽带作用。

此外，省际边界地区区域中心城市的行业组织机构应该积极召开跨区域、跨行业的区域经济发展论坛、合作会议、交流会、展览会、招商会等。与周边城市联合组织举办经贸洽谈、招商引资等活动，共建招商项目库，开展共同参与、共同受益的大型合作活动，共同分享统一市场，破除行政壁垒，协调区域经济合作，促使各种要素在区域内自由流动，解决省际边界地区经济合作的制约问题。

**(3) 生活服务**

能够提供高水平和完善的生活服务，提升城市和区域生活质量，是吸引人口聚集到省际边界地区区域中心城市的重要原因。良好的生活服务功能不仅有利于保障居民基本生存条件，还有利于提高城市居民生活满意度。生活服务功能关乎居民的生活质量及城市公共资源的公平配置，公益性特点显著，主要依靠地方政府提供，较难吸引市场投入。省际边界地区区域中心城市生活服务功能以教育服务功能和医疗卫生服务功能为主，同时包括娱乐康体服务、社会福利服务、文化体育服务等功能。

1) 教育服务功能。教育作为极具外部性的公共品，也是城市竞争力中的核心竞争力之一。它不仅是直接影响城市软硬竞争力中的关键因素，也与城市的资本、制度、管理、结构、环境等竞争力息息相关（倪鹏飞，2003）。省际边界地区区域中心城市教育水平和教育普及率代表着省际边界地区的教育水准与发展方向，具有很强的示范作用。区域中心城市往往聚集了良好的教育设施，提供的教育服务能够辐射周边地区，是一定区域范围内教育的高地。此外，区域中心城市还会围绕教育服务建立相应的产业体系。区域中心城市的教育资源、信息、理念所产生的辐射效应给周围地区带来持续的正外部效应，对整个区域的发展都具有促进作用。

区域中心城市要具备普通基础教育、职业教育、高等教育等不同阶段、目的和服务对象的教育服务。不同阶段的教育服务对城市劳动力资源结构的影响有所不同，普通基础教育保障城市现有和新增人口具备成为一名合格劳动者所必需的知识、技能和学习能力；职业教育则对市场需求更为敏感，是以直接满足劳动力市场对劳动力资源的需求为目标的教育服务，重在培养劳动者具体的劳动技能，并能够根据市场的反馈及时修正教育内容与方法；高等教育则是基于城市居民的高端素质、知识和能力，它直接为经济系统提供优质的生产要素，间接为企业的技术创新提供技术，是培养高端人才、吸引科技人才、促进人才创新的平台和载体。

2）医疗卫生服务功能。医疗卫生服务功能是彰显社会公平、促进社会和谐的重要载体，能显著提高城市的聚集力、辐射力、社会承载能力和可持续发展能力，是建设省际边界地区区域中心城市的内在要求。省际边界地区区域中心城市卫生资源配置、医疗技术水平、医学科教资源在省际边界地区处于领先水平，在省际边界地区医疗卫生服务市场中居于核心地位，并通过极化效应的作用，吸引更多的医疗卫生投入要素向该区域中心城市聚集。省际边界地区区域中心城市具备医疗卫生服务质量等级较高的医疗卫生服务基础设施，是省际边界地区技术领先、设施先进、功能完善的区域医疗卫生服务中心，能够吸引省际边界地区内更多的人来区域中心城市接受医疗卫生服务。

省际边界地区区域中心城市应形成以基本医疗保障为主体，商业健康保险为补充，覆盖城乡居民的多层次公共卫生和医疗保障体系，能够保障公民的基本生活权益，享受基础的医疗卫生服务；还应具备以公立医疗机构为主导、各类医疗机构共同发展的多元化办医格局，构建集医疗护理、健康检测、卫生保健、康复护理等为一体的健康服务产业体系。

省际边界地区区域中心城市还应构建区域性医疗网络服务平台，为省际边界地区内其他居民提供远程医疗、协同诊疗、医疗咨询等服务，与省际边界地区内其他医疗卫生机构实现信息共享。此外，省际边界地区区域中心城市还应为省际边界地区提供健康管理教育与培训，具备技术产品研发创新、能力。

**（4）生产服务**

生产服务业属于中间投入的经济活动，其服务对象并非最终的消费者，而是增加其他产品或者消费的附加值。生产服务对人力资本、知识资本以及制造业水平、经济发展水平都有一定的要求，生产服务偏向于向发达城市、区域性中心城市集聚，空间分布呈现集聚化态势。省际边界地区区域中心城市拥有高素质人才、科研单位、高等院校、关联性生产服务和成熟的本地市场，对生产性服务业有较强的吸引力。因此，生产服务在其发展过程中，自然而然地会向省际边界地区区域中心城市集聚。在省际边界地区，生产服务功能也将成为区域中心城市的核心功能之一。

省际边界地区区域中心城市具有发达的生产性服务业，其生产服务功能具有区域性。区域中心城市的生产服务功能将向其他行业供给各种专业知识，将人力资本、知识人力资本、知识、信息等高级要素投入到生产过程中，提高产品附加值，成为三次产业融合的黏合剂，将其他产业链条上的研发设计、采购、加工制造、物流、销售及售后服务等各环节进行有机地连接，提高各产业的资源配置能力，提高生产效率。

省际边界地区区域中心城市的生产服务功能主要包括金融服务功能、商贸服务功能、科技服务功能等。

1）金融服务功能。省际边界地区区域中心城市是区域的金融服务中心，拥有健全的金融机构网络，融通集散资金功能强，金融活动频繁，是省际边界地区资金往来的交汇点和集散地。因此省际边界地区区域中心城市金融服务功能应该包括两方面，一是完善金融体制建设，指导和协调区域金融市场发展；二是建设区域投融资服务平台，发挥中心城市金融服务功能。

通过建设金融资源中心、金融创新中心、金融服务和监管中心，统筹管理协调区域金融市场秩序，提高区域金融市场效率。通过构建区域投融资服务平台，服务于区域建设与企业发展，充分发挥区域中心城市的金融吸引力和辐射力。

2）商贸服务功能。省际边界地区区域中心城市是区域的商贸服务中心，能够组织区域内外商品流通活动，有较强的要素、商品和服务的集散功能。省际边界地区区域中心城市经济集散功能十分突出，尤其体现在商流、物流、信息流的集散，起到一种集聚、汇流和辐射的作用，对区域内的商贸业乃至整个经济都具有重要影响。省际边界地区区域中心城市具有发达的市场体系，消费品市场、生产资料市场等规模大且辐射范围广，金融市场、信息市场、技术市场、人才市场、劳动力市场、房地产市场等要素市场规范运行。这种多层次市场体系，决定了省际边界地区区域中心城市市场辐射力与吸引力能够传递到整个省际边界地区范围。

3）科技服务功能。省际边界地区区域中心城市是区域的科技服务中心，应拥有大量的研究与开发机构，区域内技术、人才、资本、信息的高度聚集，科技成果产出及转化能力强，并向省际边界地区的其他地区扩散，带动区域科技工作的发展。省际边界地区区域中心城市不仅自身具备最强的综合科技实力，而且要能对整个区域的科技工作起到辐射和带动作用。区域中心城市科技的发展，将带动省际边界地区在科技协作、生产配套、信息及咨询服务等方面进行创新。同时，区域中心城市通过其开发和研制的专利技术、专有技术、先进工艺、生产技术、管理经验等向整个省际边界地区推广和扩散，通过技术、机制、人才的输出，收购、兼并、联营、承包以及原材料配套等方式，对整个省际边界地区的生产要素进行优化重组。

**（5）文化服务**

城市是文明的生成地和文化生成的土壤，文化服务功能也是省际边界地区区域中心城市的一种主体功能。文化是城市和地区发展的重要资源，更是城市和地区发展的灵魂。省际边界地区区域中心城市往往是民族文化交汇之地，具有得天独厚的地理人文优势。良好的文化服务能力将为省际边界地区区域中心城市带来极大的吸引力。城市文化服务的含义十分宽泛，既包括提供城市文化服务设施，也包括地区传统文化传播的服务，还包括提升公民文化意识的服务。

城市文化服务设施建设是城市发展的重要支撑。省际边界地区区域中心城市具备良好的城市文化服务设施，包括高等级的学校、公共图书馆、博物馆、科技馆、纪念馆、美术馆、展览馆、会展中心、文化活动中心、文化馆、青少年宫、儿童活动中心、老年活动中心等设施，辐射并服务整个省际边界地区。此外，省际边界地区区域中心城市还应具备一批有实力、有竞争力的骨干文化企业和重大文化产业项目，形成具有地域特色的文化产业群。

省际边界地区区域中心城市还应加快省际边界地区文脉的保护，挖掘本土文化，培育地方特色文化，传承民间传统文化，提升文化产品中的文化含量、文化附加值，从而进一步提升文化认同度，增强省际边界地区的群体认同感和归属感，加强地区传统文化传播的服务以及地区传统文化传播与旅游业的合作与协调，促进文化与经济协调健康发展。

省际边界地区区域中心城市文化服务功能的另一个关键是要提升公民文化意识，提高全民思想道德和文化素质。要通过多种渠道，开展多种形式的教育活动，重点抓好公民社会责任感和文化自觉意识的教育、开放意识和变革精神的教育、社会公德及科学精神的教育。要引导公民不断克服和抵制错误的、落后的、腐朽的思想文化，积极挖掘特色文化，弘扬传统文化，展现优秀的民族文化。

## 3.2.3 省际边界地区区域中心城市的职能支撑

省际边界地区区域中心城市为实现其经济发展职能和公共服务职能,还必须具备良好的基础设施条件和生态环境作为支撑保障。交通等区域性的基础设施是支撑省际边界地区城市经济聚集和扩散的重要条件,基础设施为区域中心城市产业集聚、城市间生产分工协作提供物资流通条件而使区域中心城市的产业组织、生产服务功能得以实现,省际边界地区人口要能够享受到区域中心提供的生活服务也需要交通设施作为人口流动的条件。生态环境是省际边界地区区域中心城市发展的重要基础,城市产业发展以生态承受能力为前提,区域中心城市不能以破坏环境为代价来换取发展。

1. 基础设施

基础设施是物资流、信息流、能源流等传递不可或缺的物质载体或媒介,是城市经济增长的必要条件,尤其是交通条件对省际边界地区的发展具有特殊的重要性。受行政区划的刚性影响,省际边界地区的交通连通度远低于省域经济核心区的城市,通达的交通网络尚没有形成。基础设施建设水平滞后是省际边界地区经济发展水平长期处于落后地位的重要原因之一。因此,省际边界地区区域中心城市必须具备良好的基础设施条件,包括便捷的城市内部及其与外部联系的交通运输网络和先进的通信网络,以加强自身与周边省域中心城市、周边城镇之间联系。通过高效率联系渠道的建设,使区域中心城市的生产能力、科技进步能力、综合服务能力等能够高效地传递,增强其组织区域经济的能力,为区域中心城市功能的发挥创造条件。

交通基础设施是市场要素流动的载体,良好的交通基础设施能够使地区经济运行费用相对降低,也可以有效地吸引外部资本的投入。以区域中心城市为枢纽,提高区域性交通基础设施水平是促进省际边界地区区域经济合作的基础条件,也是加强区域合作的战略要点。便捷的交通基础设施,将提升区域中心城市的通达性,推动区域人流、物流、信息流、资金流向区域中心城市集聚。

省际边界地区区域中心城市的交通基础设施建设应该从服务区域发展的角度出发,加强跨省交通建设,与最近的经济中心连接起来,并将交通基础设施延伸到市场中心或资源富集地,以加大交通设施辐射半径,构建内外畅达的交通网络,加快实现交通互联互通。重点强化铁路运输网络,加强与周边城市的联系,重点提高省际边界地区内铁路的运输能力。同时，完善公路运输网络，以国省干线为重点，加快优化路网结构，打通断头路。此外，有条件的城市还应该拓展航空运输网络，建成区域性的支线机场。

省际边界地区区域中心城市还应与周边其他城市形成跨界共建共享机制，对重要的区域性对外交通通道做到共同定线、合作建设、联合投资、共建共享，形成跨界共同利用的交通基础设施平台，提高基础设施利用效率。

此外，发达的信息网络也是省际边界地区区域中心城市发展的重要条件。通过建设信息高速公路网，建立区域信息资源共享体系和有效信息共享平台，以发挥其在省际边界地区区域信息中心的作用，形成包括电子政务、电子商务、科技文化信息、社会信用数据库等在内的信息互通大网络。

2. 生态环境

我国省际边界地区，尤其是中西部的省际边界地区生态环境本身就十分脆弱，但是受社会和经济发展水平的制约，省际边界地区生态环境保护力度依旧较弱，城市发展精力主要集中在提升经济发展水平上，对生态环境保护重视不足。然而，良好的生态环境是省际边界地区社会经济发展的重要基础，区域中心城市的可持续发展、经济的可持续发展和社会进步与省际边界地区的生态环境质量息息相关。相对于社会和经济，生态环境的状态和调节能力对城市的长远发展将产生更大的影响。因此，对省际边界地区区域中心城市而言，必须强调生态环境的支撑作用，协调好经济发展与生态环境之间的利益关系，保护好城市生态环境，保障城市的可持续发展。

生态环境的复杂性和动态性，决定了生态环境保护工作绝非单个区域中心城市可以独自完成的。区域中心城市必须与周边地区合作，加强区际联合，跨省之间开展区域性的生态环境和自然资源保护工作，加强环境治理的协调工作，建立生态环境联防联治机制，形成生态补偿机制，推进生态环境保护一体化，以有效地协调好区域之间的利益，有效地避免区域之间因资源开发和生态环境保护所产生的外部性。

# 3.3 小　　结

在界定省际边界地区、省际边界地区区域中心城市概念的基础上，分析省际边界地区的类型、特征及存在问题，并针对省际边界地区存在的问题，依据相关理论，提出省际边界地区区域中心城市的职能构成。

1）省际边界地区的分类方法有多种。按几何特征划分为二维、三维、四维省际边界地区等，维数越高则各种经济潜力和优势就越难发挥；按自然特征划分为山系型边界地区、江河型边界地区和平原及丘陵型边界地区三大类型，自然特征对区域发展限制从小到大依次为平原及丘陵型边界地区、江河型边界地区、山系型边界地区；按交界区域经济发展水平组合模式划分为"弱-弱"交界型边界地区、"强-弱"交界型边界地区和"强-强"交界型边界地区，不同的交界形式代表了省际边界地区发展水平的不同阶段。

2）省际边界地区地缘关系密切、自然条件相似、生态环境相同、人文习俗相近、经济发展水平大致相当，相互之间的经济交往已久，属于在自然环境和社会发展特征方面具有较强同一性的相对完整的独特地域单元。省际边界地区特征及发展存在的普遍性问题为地理区位的边缘性、行政边界的分隔性、资源禀赋的相似性、生态环境的关联性、地域文化的相近性、区域关系的竞合性和经济发展的欠发达性。

3）建设省际边界地区区域中心城市的核心目标是要打造区域增长极核和区域服务中心，通过区域中心城市对整个省际边界地区经济、社会发展的组织和带动，实现城市和地区的经济增长，并推动社会发展。因此，省际边界地区区域中心城市的职能可以概括为经济发展职能和公共服务职能。

4）经济发展职能的实现一方面要从自身出发，提升产业发展水平，重点发展现代农业、新型制造业、现代服务业等，成为区域发展的经济增长极；另一方面要引领区域协作，引导区域内各城镇开展产业分工和协作，组织和带动整个省际边界地区的经济发展。公共服务职能主要包括行政管理、行业组织、生活服务、生产服务和文化服务。此外，还必须具备良好的基础设施条件和生态环境作为支撑保障。

# 第4章 | 省际边界地区区域中心城市的形成条件

省际边界地区区域中心城市要发挥其作为区域增长极的作用，实现区域中心城市的经济发展职能和公共服务职能，需具备一定的发展基础与条件。这些促成省际边界地区区域中心城市形成的条件既有来自城市之外的外在条件，也有城市本身的内生性因素，主要包括资源禀赋、基础设施、行政管理、经济活动以及分工协作等。在各种因素的共同作用下，区域中心城市才能在增强自身综合实力同时强化与区域相互依存关系，促进区域中心城市和省际边界地区的共同发展。

## 4.1 资源禀赋是基础性因素

### 4.1.1 构成城市物质基础

资源禀赋涵盖了区域中心城市影响范围内所蕴藏的自然资源，包括土地、矿产、森林、江河、湖泊等重要的地理环境和生态环境条件等，是城市形成的基础。得天独厚的资源禀赋条件是区域中心城市经济发展的基础因素，成为支撑区域中心城市的重要物质基础。在区域和城市发展的初期，资源开发利用对经济实力提升的支持作用呈上升趋势。随着城市和区域发展进入更高级的阶段，资源开发能够提供的支持作用将逐渐减弱。

自然资源是人类赖以生存的物质基础，对于城市来说，资源是维持和保证区域中城市经济发展的基本物质要素，合理的资源组合条件和对资源的开发利用是城市经济发展的基本条件和有力保障。资源开发与区域的发展，资源开发与区域中心城市的形成之间有着非常密切的关系。

从全世界范围人类社会发展的历史来看，城市的发源地多集中在大的河流沿岸，如四大文明发源地集中在四大河流流域，这主要是因为临水的区域水资源丰富，有利于农业灌溉和商品贸易。中国古代统治者对都城的选址也离不开自然资源的支撑,《管子》的都城理论中有多处内容精辟地论述了城市发展与资源条件的关系,如《管子·度地》中记载 "故圣人之处国者,必于不倾之地,而择地形之肥饶者。乡山,左右经水若泽。内为落渠之写,因大川而注焉"。又如《管子·乘马》中记载 "凡立国都,非于大山之下,必于广川之上。高毋近旱,而水用足;下毋近水,而沟防省;因天材,就地利。故城郭不必中规矩,道路不必中准绳。" 从中国现代城市发展经验看,资源和区位条件也起着非常重要的作用。西安的崛起和发展便是借助了有利的军事地理位置和丰富的资源条件,《史记·刘敬叔孙通列传》中记载 "且夫秦地被山带河,四塞以为固,卒然有急,百万之众可具也。因秦之故,资甚美膏腴之地,此所谓天府者也。" 武汉凭借便利的水陆交通条件发展成为内陆重要的交通枢纽城市,武汉处于两江交汇地带,有 "九省通衢" 的美誉,自古就拥有优越的水路交通条件,循长江水道行进,西上巴蜀,东下吴越,向北溯汉水而至豫陕,经洞庭湖南达湘桂;从陆路交通看,武汉有京广线贯穿南北,东西向有武九线、汉丹线,同时京珠、沪蓉两条高速公路在武汉交汇。

## 4.1.2 形成经济增长源泉

资源开发对于区域及城市来说,能够带动资源及相关产业的发展,改变城市及周边地区的经济发展模式,改善经济状况,实现区域内剩余劳动力的转移。城市经济增长建立在自然资源的数量、质量及丰度基础上,没有自然资源就没有经济的存在,更谈不上经济的发展,经济增长对自然资源的需求体现为对资源总量和对资源品种、质量或结构的需求。

自然资源开发对经济增长的作用在经济学不同流派和不同时期研究中均有论述,这些经济学理论主要包括资本决定论(以哈罗德–多马模型为代表),新古典经济增长理论(以索罗–斯旺模型为代表)、强调技术进步的新增长理论和强调制度质量的新制度经济学(刘那日苏,2014),肯定了自然资源对经济增长有促进作用。在区域开发的初期,一些不可替代的自然资源是影响区域产业形成与产业结构的决定性因素,这是因为在自然资源富集、组合良好的区域,区域产业结构往往以自然资源的开发利用为基础形成(岳利萍,2007)。在以资源开发利用为导向型的传统增长模式中,资源禀赋条件对于区域和国家的发展有着重要作用。区域自然资源的储藏丰度、组合条件以及开采难易很大程度上决定该区域甚至更大范围内的经济发展水平。

19世纪后半期至20世纪初，美国的繁荣局面来源于丰富的自然资源。煤炭、铜、石油、铁矿石等矿产资源的开采和产品的生产，使美国的经济实力大大提高，确立了美国在工业生产中的领导地位。美国制造业出口产品具有很高的自然资源密度，这些资源大多数是非再生资源。美国制造业能够保持技术领先，以及美国的经济在大衰退前的半个世纪一直呈现持续上升，很大程度上得益于非再生自然资源的开发利用（徐康宁和王剑，2006）。

据统计，我国有1/4的城市是以矿产资源开发为基础而兴起的资源型城市，矿产资源的开发成为该类城市财富积累的主要来源，是促进城市经济增长的重要因素。资源型城市中资源开发企业的生产总值、利税额度及从业人员数基本上能够占到整个城市的40%以上，个别城市甚至高达80%。在资源型城市发展的初期，开发资源需要交通、电力、通信等辅助设施，因此城市的基础设施建设速度明显加快，一定程度上带动相关产业的兴起，同时也为城市的发展奠定了设施基础。中华人民共和国成立以来，国家重点项目集中建设了一批资源型城市，如攀枝花、马鞍山、包头、唐山等城市发展与区域丰富的铁矿石资源密切相关，而大庆、东营和克拉玛依等城市的产生和发展壮大则与其丰富的石油资源密切相关。

不仅单个城市的发展依赖于资源的开发，我国的一些城市群地区也都不同程度的分布着矿产资源（表4-1），矿产资源的开采、加工和利用成为城市群经济的重要组成部分（代合治，1998），对于资源型城市而言，城镇的空间布局与矿产资源的分布密切相关（张复明，2001a）。

表4-1　我国资源型城市密集区及主要矿产资源分布情况

| 城市密集区 | 主要矿产资源 |
| --- | --- |
| 哈大齐城市群 | 煤、石油、天然气等 |
| 辽宁中部城市群 | 煤、铁、菱镁矿等 |
| 京津冀城市群 | 铁、煤等 |
| 中原城市群 | 煤、铝、铜、金、钼等 |
| 成渝城市群 | 天然气、盐、磷、煤等 |
| 长株潭城市群 | 锡、钨、铅、锌、稀土等 |

资源的开发利用能够促进城市的发展，但是一些自然资源在短期内是不可再生的或者其开发利用具有周期性，资源保有储量随着开发利用而不断减少，势必会面临资源耗竭给区域和城市持续发展带来的威胁。资源富集区可能出现城市产业同构，城镇之间联系不紧密，区域内中心城市与周边区域空间二元性明显以及

区域城镇体系不完善等问题。

当然，资源开发对区域或城市经济发展产生的负面影响也不容忽视。随着区域自然资源的不断开发和经济发展水平的逐步提高，自然资源对区域产业结构演变和升级的影响与制约作用也显现出来，特别是对某种相对丰富的资源过分依赖会使城市和区域发展陷入"资源诅咒"。资源型城市，特别是以矿产采掘和初级工业品加工为主导产业的城市，资源开发往往占城市产业比例大，生产的产品以中间品为主，而最终消费品比例较低，产业链也较短。这种发展模式一定程度上挤占了附加值和技术含量更高的最终消费产品以及高新技术产业的发展。城市中资源型工业部门的扩张使制造业的发展空间变得局促，不利于制造业对要素配置作用的发挥，降低了城市的资源配置能力和效率。

资源型产业与加工制造业相比，对人力资本的依赖程度较低，会造成资源型城市对人力资本积累内在动力的缺乏。加工制造业的技术装备水平相对较高，对人力资本的要求也比传统资源型产业高。劳动力为提升自身劳动能力需要付出更多的教育成本，但在传统资源型产业中，劳动力的受教育投入无法获得额外的收入补偿，这会造成城市中劳动力受教育意愿的降低和拥有高劳动技能人力资本的外流。在现代城市经济发展中，人力资本给城市经济增长带来收益的边际效率大于自然资源开发，并且城市依靠人力资本还能够获得持续的发展动力。在人力资本作用日渐突出，成为推进城市经济增长的主要动力的现代经济结构中，传统资源型产业的扩张会对城市人力资本的积累形成挤出效应。资源开发会给城市及资源开采区的生态环境造成压力，生态环境一旦遭受破坏，将阻碍城市及区域潜在优势的发挥，成为城市经济和社会发展的障碍。城市产业如果过度依赖资源开发，一旦不可再生的自然资源面临枯竭，城市和区域经济发展的可持续性受到的挑战还会引发失业等社会问题。

# 4.2 基础设施提供支撑保障

基础设施属于公共产品或者准公共产品的范畴，具有公益性、垄断性和竞争性的特点。对于企业来说，城市中的基础设施是不需直接支付的生产要素，充分利用城市中便利的基础设施能够降低企业的生产成本，进一步提升企业的利润空间。所以拥有良好基础设施服务的城市或区域在经济发展中可能具有吸引更多企业入驻或外来投资的机会。基础设施在空间上呈现出不平衡性的特点，这直接导致了城市投资环境的优劣区分和竞争力的差异。

在城市及区域发展所必需的基础设施中，交通设施是区域和城市发展中最为重要的基础设施，交通网络及其可达性和便捷性对城市及区域经济、人口迁移和产业布局等影响极其直接和明显，是城市与区域发展的先决条件之一。良好的交通设施能够为城市生产部门提供便捷、高效、低成本的物流、信息流交换途径，也能够加强城市与周边地区的联系，促进中心城市发挥对区域的辐射带动作用，从而影响与中心城市相关联的区域的整体发展。从我国区域经济发展的现状和历史来看，区域发展水平较高的地区、各级别的区域中心城市所在地区，往往也是交通网络及其可达性与便捷性相对较好的地区或城市。

交通设施有利于促进集聚经济的实现，为地区经济发展提供支持。如果城市没有良好的交通设施，缺乏与市场地、消费地的低成本连接途径，将会使该城市远离市场或消费区，产品运输成本增加，削弱产品在市场上的价格优势，从而导致城市在区域发展中处于劣势地位。

交通运输条件对区域中心城市的形成具有重要作用，完善的交通运输条件对城市经济的需求和供给都会产生积极促进作用，有不少城市，特别是区域性的中心城市也是随着铁路、公路、港口、机场等交通运输设施的兴建而兴起和发展起来的，并伴随着交通设施的建设而共生共荣。城市的发展和繁荣离不开周边区域的支撑，而交通运输则是联系城市与周边区域的纽带，交通运输可谓是区域中心城市发展的命脉（陈炜，2006）。交通设施的建设和运营将提高沿线城市的交通可达性，城市交通可达性的提高将增加城市与区域之间的联系，减少该城市生产要素投入成本和交易成本，提升对外联系和其他资本的产出效率，使生产的经济效益得到充分发挥，成为城市经济增长的积极动因。另外，城市与周边区域可达性的差异，会促使区域内的生产要素和经济活动向可达性相对较高的城市集中，进一步促进了城市的发展。区域经济发展的集聚点源于交通设施形成的网络，重要交通干线在沿线地区形成交通枢纽，改变了区域的经济地理位置，合理搭配各种交通运输方式是提高区域经济竞争力的必要手段（刘冰，2007）。

多种交通设施汇集形成交通网络中具有枢纽性质的中心或节点，这些交通枢纽所在地点经常会成长为区域性的中心城市（杨吾杨，1986）。交通线路的延伸成为社会经济活动的有力触角，成为城市发挥其极化和扩散效应的支撑。位于交通枢纽位置城市的资金、技术、人才、信息、产品等具备更便捷的向外辐射、扩散的渠道，从而带动更大区域范围的持续增长（张复明，2001b）。区域的地理中心或者门户位置，是交通枢纽城市最常出现的位置。交通枢纽城市具有空间区位优越、腹地区域广阔的特征，这是因为大多数情况下交通枢纽城市空间区位条件比较优越，而优越的地理位置和便捷的运输条件是交通枢纽城市拥有更为广阔的腹地的基础。通过改善对外交通环境，提高城市到周边区域的可达性是促进城市经济发展（韩悦臻和尚春青，2008）和区域空间结构变化的直接动因（武旭等，2005），随着交通网络的不断发展，交通枢纽城市的区域影响范围逐步扩展（张文尝等，2002）。

交通条件之所以对区域中心城市的形成具有助推的作用，是因为交通运输具有空间溢出效应，可以影响区域的空间结构，能够加强城市与外部地区的联系，具体表现在以下三个方面。

## 4.2.1 保障城市经济发展

交通运输对城市和区域经济发展的作用表现为交通条件改善后，对交通设施沿线地区产生直接的影响，并且通过交通设施网络的传递进而影响到与之相通的交通设施所经过的地区。

因交通条件改善而带来的经济发展可以用交通网络图来说明（管楚度，2002；安虎森，2008）（图 4-1）。假设 $A$、$B$、$C$ 分别代表三个不同的城市，$AB$ 为 $A$ 城市和 $B$ 城市之间的交通条件，$AC$ 为 $A$ 城市和 $C$ 城市之间的交通条件。当 $AB$ 交通条件改善后，整个交通网络上的运输量由三部分组成：①城市 $A$ 与城市 $B$ 之间原有的运输量 $Q_{AB}$，这部分运输量是不随着交通条件的改善而变化的；②有一部分运输量将从 $AC$ 转移到 $AB$，这部分为 $Q_{ABZ}$；③会诱发一部分新的运输量，这部分为 $Q_{ABY}$。

图 4-1 中，$C_{AB}$、$C'_{AB}$ 分别代表区域交通条件改善前后的运输成本曲线，$D_{AB}$、$D'_{AB}$ 分别代表区域交通条件改善前后的运输需求曲线。由于区域交通条件改善，一方面使交通运输成本从 $C_{ab}$ 下降至 $C'_{ab}$；另一方面使交通线路 $AB$ 需求增加，需求中原来的 $Q_{AB}$ 增加到 $Q_{AB}+Q_{ABZ}+Q_{ABY}$，交通条件改善后所能得到的交通运输收益在图中就是 $C_{ab}C'_{ab}AE$ 围成的梯形面积。如果有 $N$ 条线路的交通条件改善，则区域内交通运输的总收益 TP 为

$$\text{TP}_A = \sum_{i-1}^{n} \left[ Q_{AB} + (Q_{AB} + Q_{ABY} + Q_{ABZ}) \right] (C_{ab} - C'_{ab}) \qquad (4\text{-}1)$$

式中，$Q_{AB}$ 为城市 $A$ 与城市 $B$ 之间原有的运输量；$Q_{ABY}$ 为因 $AB$ 城市之间交通条件改善而诱发的新运输量；$Q_{ABZ}$ 为因 $AB$ 城市之间交通条件改善而从 $AC$ 转移到 $AB$ 的运输量；$C_{ab}$ 为 $AB$ 城市之间原有的运输成本；$C'_{ab}$ 为 $AB$ 城市之间交通条件改善后的运输成本。

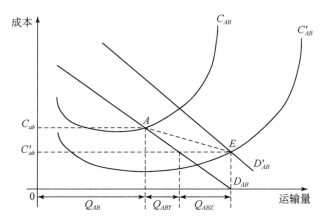

图 4-1　区域内交通网络服务水平提升对区域经济的影响

资料来源：王瑞军（2013）

　　如果交通网络有多条线路的交通条件得到改善，则总收益是交通条件改变前和改变后的运输量与均衡运输成本变化的乘积。因此，区域交通运输条件的改善会为整个区域带来经济效益的增加（王瑞军，2013）。有关交通运输与经济增长之间数量关系的研究表明，我国省际空间上交通运输的投资每增加 1%，将导致GDP 增长 0.28%，其中直接带动的经济增长为 0.22%，产生的溢出效应带动的经济增长为 0.06%（胡鞍钢和刘生龙，2009）。

## 4.2.2　释放城市影响能力

　　城市的经济活动虽然具有相对独立的体系，但也与城市之外的地区存在依存关系。区域发展的初期，由于交通水平普遍比较低，资源和自然条件配置条件好的地区是城市经济萌发的节点。随着区域交通条件的改善，一些节点可能会形成交通区位的明显优势，交通运输将这些节点的自然或者资源优势转化为经济优势，经济优势的扩大使节点对资金、劳动力、技术、信息等生产要素吸引力增强，并形成更高聚集度的经济优势。交通运输促进城市对经济要素的吸引在"成本–空间收敛""成本收敛–流量扩张""时间–空间收敛"三种效应中得以实现（邵春福，2008）。

　　1）"成本–空间收敛"效应。生产产品需要将原材料从原料地运输到生产地，然后将产品运输到市场地销售后获得利润，这中间的运输环节就会产生相应的运输成本。某个城市的交通运输成本低，将引起产品的生产成本降低，城市生产的产品价格在市场上的竞争力也得以提高。交通运输条件好的城市也会吸引产业向其聚集，更多的产业向城市空间收敛，将会进一步带来生产效率的提高，促进城市吸引能力的增强，形成"成本-空间收敛"。

2）"成本收敛-流量扩张"效应。交通条件的改善，运输能力的提升，使交通节点上的城市实现人与物质发生空间位移的能力不断增强，产品流通的规模不断扩大，扩展了城市经济发展的空间，从而进一步提高交通流量，形成"成本收敛-流量扩张"。

3）"时间-空间收敛"效应。这种效应是由于相同距离的运输，在不同交通条件下所需要的时间是不一样的，交通条件改善使运输时间缩短，形成"时间-空间收敛"。交通条件的改善，运输速度的不断提高，促使运输活动呈现很强的"时间-空间收敛"效应。

## 4.2.3 决定城市影响范围

当城市经济的集聚效应达到一定程度后，城市辐射带动效应将会通过交通运输，从"点"的集聚向更广阔的经济腹地扩散。城市辐射带动效应的扩散方式包括等级扩散、就近扩散、跳跃扩散和随机扩散 4 种方式。不同的扩散方式对应的空间有所不同，等级扩散多按照城市的等级体系由高等级城市向低等级城市扩散；就近扩散是扩散至与城市相邻的地区；跳跃扩散则是跨过城市相邻的地区而扩散到更远的非邻接地区；随机扩散是无规律地扩散至城市之外的任意地区。扩散依赖扩散源与接受地之间的连接通道，交通条件担当起连接通道的功能。交通条件改变了城市与区域之间、城市与城市之间的时空关系，延长了城市空间联系的距离，拓展了城市关联的地域范围，加强了城市与周边区域之间的相互关联。

城市中的经济活动与生俱来具有节约物质、劳动力生产成本并获得更多信息资源、提升竞争力等方面的内在要求，这些要求在城市对外交通运输的发展中将得以契合和满足。城市对外交通条件改善后，也将促进城市经济对外影响力在交通网络覆盖区域的不断延伸和拓展（王瑞军，2013）。

# 4.3 行政管理具有主导作用

## 4.3.1 促成城市形成发展

古代城市在建立之初，多是基于政治和军事目的，并在行政干预和政策影响下形成以政治关系为主要特征的经济结构，城市的各种经济、社会活动的目的都是基于当时的政治和军事的需要并为之服务。古代城市的选址均依托有利的地形，选在气候适宜、水源充足、物资丰富、交通便利之地，还要辅以人工修筑的城墙、护城河等防御设施。中国古代城市大多出于政治上和军事上的需要而形成、发展与壮大。

政治在人类社会的发展历程中始终扮演着极其重要的角色，深刻地影响着社会生活的各方面，也包括区域中心城市的确立、定位和发展。影响区域中心城市的行政因素主要来自国家的政治意志，这对于区域中心城市的定位具有很强的制约作用，国家制定的法律、方针、政策以及采取的重大举措都有可能决定着区域中心城市的确立、定位和发展。行政因素是制约区域中心城市最重要的外部因素，并不以城市的自主意志为转移。例如，我国历朝历代国都所在的城市都成为当时整个国家范围内的区域中心城市。西方国家的区域中心城市也同样受行政因素的影响，如美国华盛顿、英国伦敦、法国巴黎、德国柏林以及日本东京等国家首都所在的城市都是世界顶级的中心城市。

## 4.3.2 确定城市等级结构

行政因素不仅决定城市设置，还决定城市的行政等级及公共设施配置水平。早在我国西周时期就建立起了"国都-省城-府城-州城-县城"等级分明的城镇体系，统治政权通过行政手段从异地迁入劳动力、开展基础设施等加强高等级城市的实力，特别是各朝国都的建设受到统治政权的干预和影响则更明显。中国古代城市等级体系的结构一直被延续至今，我们现在所使用的首都、直辖市、计划单列市、省会城市、地级市和县级市的城市行政等级体系，虽然在名称上和古代有所不同，但仍具有明显的行政色彩，不同行政等级的城市在国家城市体系中有着明确的地位和作用，其地域管辖的范围、公共设施配置和城市职能与行政级别密切相关。

城市的发展受到管理者行政政策、发展战略的影响。管理者在不同时期的行政策略是发生变化的，这种变化有可能带来特定城市的兴盛，也可能导致某些城市的衰落，这种情况在历史上比比皆是。例如，开封在公元 960 年北宋建立之后的近 200 年中经济繁荣，富甲天下，人口过百万，风景旖旎，城郭气势恢宏，不仅是全国政治、经济、文化中心，也是当时世界上最繁华的大都市之一，成为这座城市历史上最为辉煌耀眼的时期。金灭北宋后，改汴梁为"南京开封府"，开封成为陪都，后来完颜亮南下侵宋时以"南京开封府"为统治中心，金宣宗完颜珣为避蒙古军锋迁都"南京开封府"，金哀宗完颜守绪在开封被蒙古军围困的情况下逃出开封。后来元灭金后，开封成为河南江北行中书省所在地。到了明朝，明太祖朱元璋将汴梁改称为开封府，并把应天（现开封）也定为都城，实行两京制。短短几个月之后，明朝的北伐军大破大都，朱元璋最终决定定都南京。清朝统治中原后，将河南省治、开封府治均设置在开封，由于开封在明末遭到严重破坏，与历代相比，清代开封的经济黯然失色，手工业、商业、服务业都呈衰落的态势。中华民国时期，开封先后经历了开封县、开封市不同城市级别定位。中华人民共和国成立后初期，开封成立开封特别市，省会地位不变，后来河南省省会由开封迁往郑州，开封改为省直辖市，又经历了开封专区管辖、省直辖市等城市政治地位的变化。

城市的行政级别越高对经济发展的促进作用越强。这是因为不同行政级别的城市在投资能力、人口规模、外资规模上具有差别，城市的行政级别越高，占据财政投资与社会投资的份额越多，能够吸引更大规模的人口集聚，相比于行政级别低的城市在财力、人力上的优势更为明显，这些优势有助于提高城市的经济总量。

如果将城市经济总量作为因变量，将城市的投资能力、人口规模、政府规模、外资规模、城市行政级别作为自变量建立它们之间的函数关系，可用回归公式表示为

$$城市经济总量 = \beta_0 + \beta_1 投资能力 + \beta_2 人口规模 + \beta_3 政府规模 + \beta_4 外资规模$$
$$+ \beta_5 城市行政级别 + \varepsilon$$

$$(4\text{-}2)$$

式中，$\beta_0$ 为常数项；$\beta_1$ 为投资能力自变量的回归系数；$\beta_2$ 为人口规模自变量的回归系数；$\beta_3$ 为政府规模自变量的回归系数；$\beta_4$ 为外资规模自变量的回归系数；$\beta_5$ 为城市行政级别自变量的回归系数；$\varepsilon$ 为随机误差。其中投资规模采用城市固定

资产投资量代表，人口规模采用城市的户籍人口数量代表，政府规模采用城市的财政支出量代表，外资规模采用城市的外商直接投资量代表，城市的行政级别可以按照城市行政级别赋予不同的变量值，可按照正部级、副部级及计划单列、正厅级、副厅级及以下城市分别赋值3、2、1、0。

行政级别越高的城市，可争取到的社会投资和政府投资越多，特别是在社会投资与政府投资上。城市行政级别越高，则国家对该城市的重视度就越高，该城市在财政等方面享受的优惠政策越多，越有助于该城市得到更多的财政支持，进而影响其经济发展程度，这导致城市经济发展的不平衡。行政级别高的城市具有更多的就业机会、更好的基础设施、更优的文化环境等人口集聚的吸引因素，人口集聚形成的规模效应对经济的作用更加明显（王麒麟，2014）。

## 4.3.3 实施政策宏观引导

中华人民共和国成立初期，国家着眼于恢复经济和加强国防，在政治区位因素的主导下，首先选择了具有较好的重工业发展基础、靠近苏联的东北地区作为发展的重点区域，同时重点工程项目也选择在陆地区布局，这一阶段城市发展重心主要在内陆地区，西安、沈阳、哈尔滨、长春、兰州的崛起和迅速发展便是这一阶段的重要成果。

20世纪60年代初，出于对国际形势的估计，在"备战、备荒、为人民"的口号引导下，形成了重心向西南地区转移的"三线"建设高潮，绵阳、十堰、武汉等城市得到迅速发展，沿海地区城市发展相对滞后。

改革开放以来，我国区域发展战略逐渐转变为以加强沿海为重点，在沿海建设经济特区，经济开发区同时设立14个沿海开放城市，给予经济特区和沿海开放城市特别的发展政策，这一阶段以深圳、珠海为代表的一批城市迅速发展，综合实力很快超越部分城市。20世纪80年代之后又逐步对一批城市实施了城市综合经济体制改革——计划单列，计划单列的实施一定程度上释放了城市发展的政策束缚，提高了城市政府在经济管理和指导区域发展中的地位，更好地发挥区域中心城市的功能，重庆、南京等城市在实施计划单列后取得了较大的发展和突破。

可以看出，国家的每一次战略布局和区域发展政策的调整都会带动一部分城市的兴起。区域中心城市要尽可能地在区域或国家发展战略中谋求自己的发展机遇，并与之相协调、相符合，在制定自身发展战略时也要尽可能地与时代特征和发展潮流相统一。

# 4.4 经济活动发挥核心作用

## 4.4.1 促进经济要素聚集

经济是城市发展最基本和具有决定性意义的因素，决定着城市政治、文化、科技等因素的发展程度。经济对城市逐渐发展为区域中心城市的内在影响主要是通过经济要素的集聚和扩散发生作用的。经济要素在区域经济活动中因空间集聚所产生的各种影响或经济效果，是集聚经济作用的结果，集聚经济作为空间集聚的吸引力推动着区域中心城市的形成和发展。

在区域经济发展中，无论是劳动力要素还是资金要素或者其他经济发展要素都会自发地追求其自身的利润最大化。劳动力、资金等的流动趋势都是从低效益的地区或部门向高效益的地区或部门流动，力求重新组合，改善资源配置，以发挥出更大的生产效率，争取更大的利润。如果诸如可达性等外在约束条件允许，这种生产要素的流动就能够得以实现。从地域空间上来看，经济要素必然向经济发展条件较好、具有比较优势的地点流动和集聚，从而形成增长中心，也称为增长点或增长极。

经济要素在区域中心城市形成的不同阶段，流动特征和作用方式不尽相同。在区域中心城市的集聚效应尚未形成之前，最初吸引经济要素流入增长中心的主要是非集聚性因素，包括优越的区位、较高的收益、较好的基础设施、便利的交通条件、开发效益好的自然资源、高素质的劳动力、优美的自然环境、较大的市场规模等因素。正是因为这些经济增长点具有其他地方所没有的比较优势，才形成了经济要素向增长中心的集聚和流动。然而，当经济要素在区域中心城市的集聚达到一定规模时，就会产生集聚经济效益，则引力由原来的比较优势发展成为比较优势与集聚经济效益的共同作用，各经济要素的流入会促进集聚经济效益进一步增强，形成良性的动态循环过程（张海峰，2009）。

区域中心城市与周边地区产生联系的一个重要途径就是经济活动，经济活动作为区域中心城市与区域的纽带能够将处于不同空间位置的地点联系起来，这种经济联系的强度大小可以通过城市与周边的空间交互作用的强弱来衡量。城市与周边的空间交互作用强度的衡量指标应既能够反映中心城市对周围地区的辐射能力，也能够表现出周围地区对经济中心辐射能力的接受程度（牛慧恩等，1998）。

## 4.4.2 引导企业区位选择

企业生产活动在区域中心城市的聚集将促进区域中心城市经济实力增强，形成区域内的经济增长极。区域中心城市只有具备了企业区位选择所看重的区位优势，才能够吸引企业生产活动的聚集。

城市经济活动的最基本单元是企业，企业能够在城市聚集，是企业区位选择的结果。区位包含绝对区位和相对区位两层含义。地理上所指的绝对区位是指某一点在地理空间上的位置，一般用经纬度来表示；相对区位则是指某一点与地理空间上其他点之间的通达度或连接度的优劣。从绝对区位和相对区位的含义可以看出，绝对区位是固定不变的，不会因为社会经济条件的变化而改变。而相对区位则处于动态变化之中，空间上某一点的相对区位会因为交通运输条件、技术经济水平、社会联系程度以及行政管理、政策的变化而发生改变。绝对区位差的地点，应尽可能争取相对区位上的优势，通过改善自身的经济区位获得发展机会。

在社会经济发展中，相对区位比绝对区位显得更为重要，主要反映在以下几个方面：①地区的空间位置是固有的，绝对区位不会发生变化，但是相对区位却可能因为交通、政策、技术的改变而发生变化；②地区的发展具有良好的矿产资源等天赋自然条件作为基础固然重要，但是如果要获得更多的发展机会和持续的发展动力则依赖于相对区位的改善；③相对区位是地域分工形成和发展的基础，区域中不同地点的分工主要是基于其具有的某种相对优势，城市则是区域中相对优势集中体现的空间位置；④相对区位在多种因素共同作用下形成，城市之所以在区域中能够带动周围区域经济的发展是因为多种因素的乘数效应。

城市的经济实力以及在区域中的经济影响力是形成区域中心城市最为重要的条件。区域中心城市应具备区位优势，以吸引更多的企业经济活动聚集。作为区域经济活动的主体，企业倾向于选择能够实现最大利润的区位。企业所看中的一般是地理位置相对优越、自然资源丰富、经济发展水平较高、人口密度较大、城镇相对集中、交通运输便利以及兼有上述两种以上条件的地区。区位条件的内涵并不是一成不变，随着区域中心城市产业结构的升级与创新能力的提高，区域中心城市具备的科技、信息、金融、服务优势将成为企业经济活动聚集的新的吸引点，能够吸引企业管理总部、研发机构继续留在区域中心城市。而企业的大规模专业化生产功能可能由于无法承担土地、劳动力等高额成本，逐步向能够降低其成本的外围地区转移，区域中心城市更多的具有商务、金融和信息等服务中心功能。在空间规律上表现为向区域中心城市周边区域迁移，区域中心城市与周边区域产业分工和合作关系发生变化，城市之间以及城市与区域之间的相互联系也会得以增强（郭宝华和李丽萍，2007）。

# 4.5　分工协作实现发展共赢

## 4.5.1　分工有利扬长避短

省际边界地区不同城市之间相同或者几个相关部门的企业间，如果能够按照发挥优势、扬长避短的原则实现生产分工协作，就可能达到优势互补、共同发展的态势。同一部门企业在生产分工的基础上，建立起分工与协作关系，有利于促进专业化生产，从而提高生产效率。企业之间通过分工形成的互补在一定程度上也有利于化解单一专业化生产的市场风险。企业生产的分工协作还有利于推动要素的自由流动，打破行政区之间的商品市场壁垒，转而对外采取一致的贸易策略和措施，能够使城市之间、城市与区域之间更好的互通有无，实现资源优化配置以及在区域中心城市的聚集，同时实现对整个区域共同利益的维护。省际边界地区企业在分工协作中建立的协调机构与经济联盟，对内协调要素流动、资源配置，解决行业内可能产生矛盾功能，对外也具有制定行业统一的经济和贸易政策，共同维护区域中心城市行业组织内部经济利益的功能。

因此，省际边界地区同类或相关企业基于自身经济利益，形成扬长避短、优势互补的纵向或横向专业化分工形式，有利于促进省际边界地区经济发展，实现区域经济增长和区域中心城市的发展壮大。

## 4.5.2　协作实现互利共赢

省际边界地区城市与周边地区协作的另一种更高级形式是区域的全面协作。全面协作涉及的领域更加广泛、合作的事项也更为全面，主要包括区域性生产、区域性商业、区域性物质、区域性运输、区域性金融以及区域性综合行业合作（杨逢珉和孙定东，2007）。从区域层次看，区域全面合作有三种类型：若干省级行政单元之间的全面经济合作、省级行政单元交界地区之间的全面经济合作、省级行政单元内部部分地区之间的全面经济合作。

省际边界地区多领域的区域协作对城市和区域共同发展产生促进作用表现有所不同，具体包括：①城市与其他地区之间联合开发区域资源，利用各城市在自然资源、生产技术、投资能力、人力资源等不同方面的优势，通过对资源进行深度加工产生更多的增值，在分享增值效益的同时提高资源的利用效率。②在已有经济联系的基础上拓宽城市与其他地区之间经济联系的渠道，通过举办专题展览会、建立专业化交易市场和互联网交易平台，可以形成更多途径、更高层次的产品流通渠道，城市与其他地区之间建立起统一而稳定的市场，有利于提升区域整体在市场中的竞争能力。③金融资本是现代经济中重要的发展要素，城市与其他地区的协作也包括金融资本的横向融通，区域中不同城市之间的金融机构形成多种形式和渠道的合作，开展横向资金余缺调动业务，将有利于加快区域内可利用投资资金的周转，提高金融资本参与生产的能力和使用效率。④城市与其他地区还可以联合改善区域整体交通条件，通过修建、扩建区域的交通干线，打通因行政壁垒而产生的交通梗阻，为区域城市相互间要素流动提供保障。⑤区域的生态环境是区域中城市发展的共同基础，区域中的城市通过共同解决区域性的生态环境问题，提高环境对区域整体发展的支持能力。城市的发展不能以牺牲区域的环境为代价，更不能干扰其他城市发展的环境基础（张震龙，2005；周青浮和范荣华，2015）。

因此，区域全面协作对区域中心城市的发展具有促进作用，城市在区域全面协作中将会获得更多新的发展机会，加深城市与城市之间、城市与区域之间的相互联系和依赖，强化城市与区域的联合意识。通过全面协作，可以统一省际边界地区的市场、机制和政策环境，优化资源配置，以及减少不必要的重复建设，大大提高省际边界地区经济、社会系统运行的效率。

# 4.6　小　　结

影响省际边界地区区域中心城市形成、发展和职能发挥的主要因素有资源禀赋、基础设施、行政管理、经济活动以及分工协作等方面。

资源禀赋是基础性因素。城市的生产离不开物质基础，资源开发能够带来城市经济的增长和区域中心城市实力的提升，但资源型的区域中心城市在发展后期应避免陷入"资源诅咒"的困境。

基础设施提供支撑保障。基础设施促进城市集聚经济的实现，为要素在城市和区域之间自由流通创造条件，区域中心城市发挥集聚和辐射功能需要良好的基础设施作为保障。

行政管理具有主导作用。城市的行政级别以及在国家或者大区域发展战略中的地位，对区域中心城市经济发展、人口聚集、财政能力、基础设施、公共服务等核心竞争力具有很强的干预和主导能力。

经济活动发挥核心作用。经济活动中要素的聚集推动区域中心城市的形成和发展，经济活动也是区域中心城市与周边区域空间交互作用的重要途径，区域中心城市通过经济活动带动区域发展。

分工协作实现发展共赢。城市之间相关部门的协作有助于形成合力，共同维护区域中心城市行业组织内部经济利益，而更高层次的区域全面协作能够加深区域中心城市与外部地区的相互联系与依赖，通过提高省际边界地区经济、社会系统运行的效率从而获得共赢。

# 第 5 章　晋陕豫三省交界地区区域中心城市选择及评价

省际边界地区的发展需要辐射带动作用强的区域中心城市作为经济增长和服务的中心。对于我国东部地区"强-强"交界型边界地区而言,区域内城市的发展水平普遍较高,已经形成多级带动的区域发展模式。但对以晋陕豫三省交界地区为代表的我国中西部省际边界地区而言,其经济联系以"弱-弱"交界型边界地区为主导,区域中的城市自身尚处于发展时期,哪些城市能够发展成为带动省际边界地区发展的增长极核,应在分析比较进行遴选的基础上,结合区域中心城市的功能要素和形成条件对潜在区域中心城市进行发展条件分析,研判各城市在区域中心城市功能和形成条件上所表现出的特征以及存在的问题,为区域中心城市的具体建设提供方向指引。

## 5.1　区域中心城市的遴选方法

### 5.1.1　遴选的分析思路

区域中心城市的遴选要考量的方面包括城市发展的综合实力、在区域发展中所处的水平,最重要的是其城市具有显著的经济发展优势和服务周边区域的能力,在此基础上,考虑城市交通和生态环境等支撑体系的完备程度。其中,综合实力是区域中心城市形成的必要条件,只有以强大的城市综合实力作为基础和前提,城市才能充分发挥区域中心城市应有的辐射带动功能,担当引领区域发展的重任;城市在区域发展中处于什么样的水平,城市的基本职能服务区域的能力,也是衡量城市在区域中地位的重要方面;区域中心城市的辐射带动功能不同,对促进区域协调发展的强度和效度也是有差别的,区域中心城市必须具有显著的辐射带动功能优势,应是对于区域社会发展具有重要作用和影响力的城市;区域中心城市不是孤立的发展,而是必须与其所处的区域同步发展,离开了城市腹地的支撑就犹如无根之水、无本之木（张臻，2013）。

本书提出城市功能综合评价—发展条件系统分析—城市影响范围分析的晋陕豫三省交界地区区域中心城市选择思路及流程（图 5-1）。首先，对晋陕豫三省交界地区全部城市进行综合实力排名，结合城市职能、地理区位、行政等级等现实要素逐步遴选确定潜在区域中心城市；其次，结合区域中心城市的功能要素和形成条件对潜在区域中心城市进行发展条件分析，研判各城市在区域发展中所处的位置和水平以及存在的问题；最后，结合综合评价和发展条件分析的结果划分各城市的发展腹地，比较其现状腹地和潜在腹地的关系，研判其空间发展方向。通过区域中心城市的选择与评价，系统分析区域内各潜在区域中心城市的发展特征及存在问题，作为区域中心城市建设路径确定的依据。

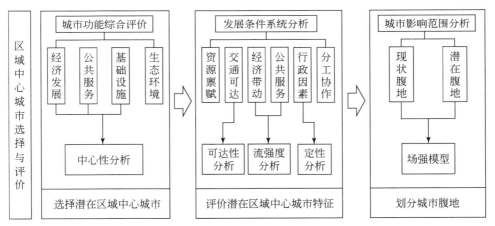

图 5-1 晋陕豫三省交界地区区域中心城市选择思路及流程

城市功能综合评价——基于省际边界地区区域中心城市核心目标（区域增长极核、区域服务中心），选择反映其职能构成（经济发展、公共服务）和支撑保障（基础设施、生态环境）的要素构建指标体系，计算三省交界地区 60 个县（市、区）的中心性指数，对区域内城市的综合实力进行横向比较，判断拟定的研究区域内有哪些城市具备成为区域中心城市的比较优势和发展潜力。三省交界地区城镇多以矿产开采和能化工业为主，多年的粗放式发展使得各城市均面临较为严重环境问题，即生态环境问题在区域内各城市中具有普遍性，故在进行城市功能综合评价时，将其作为同质性因素进行考虑，在具体指标选取过程中只选择反映经济发展、公共服务和基础设施条件的指标。

发展条件系统分析——在遴选出具备实力和潜力的城市之后，需进一步探讨这些城市与外部联系的紧密程度,以及城市基本职能对外服务能力的特征。针对影响区域中心城市形成的各条件(资源禀赋、行政因素、经济带动、公共服务、基础设施、分工协作)进行逐一分析,研究各潜在区域中心城市在区域发展中所处的位置和水平以及存在的问题。由于晋陕豫三省交界地区资源禀赋的同构性和由"弱–弱"的经济联系所导致的区域内各城市间分工协作程度较低,因此,研究时将资源禀赋和分工协作也视为同质性因素,即发展条件系统分析中,主要考虑经济活动、公共服务、基础设施和行政因素4个方面。通过流强度计算研判各城市的经济发展和公共服务的发展特征;对于区域中心城市发展最重要的基础设施——交通设施,则是采用依据可达性指数绘制的交通可达等值线来研究各城市交通可达性的特征;通过定性分析研究各城市建设省际边界地区区域中心城市的政策支持力度。

城市影响范围分析——基于城市功能综合评价和发展条件系统分析,用城市中心性指数作为城市影响力腹地划分的基础数据,采用场强模型并经交通可达性修正,绘制研究区域各城市现状腹地和6个潜在区域中心城市腹地范围,研究城市辐射影响力在空间上的集聚特征及城市之间腹地竞争关系。

## 5.1.2  城市中心性测度

### 1. 城市中心性

德国经济地理学家克里斯塔勒最先提出中心地和中心性的概念。中心地是指为自己及以外地区提供商品和服务等中心职能的居民点。中心地的等级用中心性来衡量,中心性是指中心地为其以外地区服务的相对重要性,其服务内容包括商业、服务业、交通运输业和遍在工业(制造业)等方面。城市中心性在城市体系研究中具有非常重要的作用,可以用于衡量城市的吸引能力,作为城市吸引范围划分的依据,还能够作为划分城市等级体系的依据,对城市体系进行纵向与横向的比较等。

### 2. 中心性的测度

评价城市中心性的目的在于全面了解区域中城市的发展历程和现状情况,进一步弄清区域城市群的发展态势和未来发展趋势,明确城市在区域中所处的地位,为制定区域中心城市的建设目标和发展思路提供依据。

中心性指数是测量中心性大小的指标，由一个或多个反映城市中心性的单指标数据经过一定运算得到。在此，通过建立多指标评价体系，采用因子分析法提取出主因子，然后利用加权求和法计算城市的中心性指标值。

### 3. 分析方法

采用因子分析法对城市的中心性进行评价，因子分析法能够将区域社会经济发展中众多相关、重叠的信息进行合并和综合，将多个原始变量转换成较少的综合变量和指标，以利于开展进一步的分析与判定。因子分析主要包括确定待分析的原始变量是否适合于因子分析，构造因子变量，利用旋转使得因子变量更具有可解释性以及计算因子变量的得分 4 个基本步骤。

因子分析的数学模型为

$$
\begin{cases}
x_1 = a_{11} F_1 + a_{12} F_2 + \cdots + a_{1m} F_m + \varepsilon_1 \\
x_2 = a_{21} F_1 + a_{22} F_2 + \cdots + a_{2m} F_m + \varepsilon_2 \\
\quad\quad\quad\quad\quad \vdots \\
x_p = a_{p1} F_1 + a_{p2} F_2 + \cdots + a_{pm} F_m + \varepsilon_p
\end{cases}
\tag{5-1}
$$

式中，$x_1$，$x_2$，$\cdots$，$x_p$ 为 $p$ 个经过标准化处理之后的原始变量；$F_1$，$F_2$，$\cdots$，$F_m$ 为 $m$ 个因子变量，$m < p$，表示成矩阵形式为

$$X = AF + \varepsilon$$

其中，$F$ 为公共因子，可以将其理解为在高维空间中相互垂直的 $m$ 个坐标轴；$A$ 为因子载荷矩阵；$a_{pm}$ 为因子载荷，是第 $p$ 个原始变量在第 $m$ 个因子变量上的负荷，如果把变量 $x_p$ 看作 $m$ 维因子空间中的向量，则 $a_{pm}$ 为 $x_p$ 在坐标轴 $F_m$ 上的投影，相当于多元回归中的标准回归系数；$\varepsilon$ 为特殊因子，表示原有变量不能被因子变量所解释的部分，相当于多元回归分析中的残差部分。

## 5.1.3 交通可达性分析

### 1. 交通可达性

交通是区域发展的重要支撑条件，区域中心城市的发展必须依赖于具有相对优势的交通条件作为保障。可达性用于衡量一定区域交通条件的优劣，是指利用一种特定交通系统从某一给定区位到达活动地点的便利程度，反映了区域与其他

有关地区相接触进行社会经济和技术交流的机会与潜力（李平华和陆玉麒，2005）。可达性最早是由 Hansen 在 1959 年提出的，他将可达性定义为交通网络中各节点相互作用机会的大小，并利用重力方法研究了可达性与城市土地利用之间的关系。早在古典区位论研究中，已经开始蕴含着可达性的含义。杜能的农业区位论中，交通运输就被作为最根本的影响因素。即使随着产业结构的变化，区位模型中一些传统的成本决定因素被新的区位因素替代，但是交通成本始终是成本计算不可忽略的重要方面。因此，可达性研究得到了从事交通地理、时间地理、区域经济、城乡规划等区域和空间研究学者的关注，可达性的研究范围及其应用也越来越广泛。

运用可达性来研究交通网络空间格局对区域发展的影响，是通过可达性指标来度量公路网、铁路网、航空网等各类交通设施所形成的空间网络结构，以此评价本区域获得发展潜力和控制市场的能力。陆大道（1995）结合中国区域发展的实践，开展了可达性变化对区域发展影响的研究，指出提高区域可达性是区域发展的前提条件；曹小曙等（2005）研究了我国高等级干线公路网联结区域和城市的可达性，论述了行车速度指标对城市可达性提高的重要性。金凤君和王姣娥（2004）分析了近 100 年来中国铁路交通网络的发展以及由此引起的通达性空间格局的变化。张莉和陆玉麒（2006）、吴威等（2007）分析了长三角区域多种交通方式可达性空间格局及其演化对区域发展的影响。

2. 交通可达性度量方法

随着可达性分析在不同学科的广泛应用，其度量方法逐渐形成并不断改进。可达性研究对象的网络特征、空间尺度及影响因素等不尽相同，因此导致了可达性度量方法的多样化。目前，较为成熟的度量方法有距离法、累积机会法、等值线法、重力模型法、概率法、频率法、平衡系数法、时空法、效用法、基于矩阵的拓扑法、基于空间句法的拓扑法、栅格成本加权距离法等（陈洁等，2007；王振波等，2010）。

## 5.1.4　城市流强度分析

城市流是指城市间人流、物流、信息流、资金流、技术流等空间流在城市群内所发生的频繁、双向或多向的流动现象（王力，1991），它是城市间相互作用的一种基本形式。城市流强度反映了城市与外界联系中，城市的外向功能所产生的集聚与辐射能量及城市与外部区域之间相互影响的数量关系。通过计算与分析城市流强度可以确定区域联系的中心，并反映各城市在区域中的联系地位。

　　早在 1980 年就有学者用城市流来解释 20 世纪 70 年代西方国家城市化进程中出现的国内迁徙大浪潮。21 世纪以来，我国学者运用城市流强度模型，基于城市流强度的分析方法对城市群、省域等类型区域的城市流强度进行了诸多研究。姜博等（2011）对长江三角洲城市群 16 个中心城市的城市流相关指标进行了测算，按城市流强度数值的大小将其划分为高、中、低三个等级，并分析比较了各中心城市的城市流强度变化规律。张虹鸥等（2004）研究了珠江三角洲城市群城市流强度，据此将珠江三角洲城市划分为区域联系的中心、区域联系的副中心、地方集聚与辐射的中心三类，并依据各城市的城市流强度结构，提出珠江三角洲城市群城市流强化的基本对策。郑涛和樊丽丽（2010）基于城市流强度理论模型，测算了京津冀地区 13 个城市 5 年的城市流强度等指标，在通过时间、空间动态比较分析后，将京津冀地区集聚扩散中心划分为三个等级。李桢业和金银花（2006）研究了以重庆、武汉、南京、上海为中心的长江流域四大城市群经济带城市的城市流强度，从产业发展的角度分析得出，长江流域上述四大城市及其城市群经济带已经发展到以第三产业为主导，外向功能普遍较强的较高级发展阶段。徐慧超等（2013）对中原经济区 28 个城市的城市流强度进行了测度，运用 Q 形聚类法将中原经济区 28 个城市的城市流强度划分为 15 种类型，并分析其时空演变规律。曹红阳和王士君（2007）依据城市流强度值将黑龙江省东部城市密集区的城市分为区域集聚辐射中心、区域次级集聚辐射中心、地方集聚辐射中心三级，分析黑龙江省东部城市密集区目前存在的问题，并给出了强化城市流的对策。林东华和吴秋明（2013）以福建省 9 个地级市为研究对象，对城市流强度值及结构进行了分析测算，用多元线性回归法分析了城市流强度与三次产业的相关性。袁晓玲和范玉仙（2012）通过对陕西省 10 个城市的城市流强度进行时空动态比较，考察陕西省城市外向服务的空间差异和产业间结构，并用固定效应变截距模型对城市流强度的影响因素进行回归分析。

　　城市流强度的计算可用公式表示为

$$R = N \cdot E \tag{5-2}$$

式中，$R$ 为城市流强度；$N$ 为城市功能效率，即各城市间单位外向功能量所产生的实际影响；$E$ 为城市外向功能量。

　　考虑到指标选取的代表性及可能性，选择城市从业人员数为城市功能量指标，则城市是否具有外向功能量 $E$，主要取决于其某一部门从业人员的区位熵

（朱英明和于念文，2002）。$i$ 城市 $j$ 部门从业人员区位熵 $Lq_{ij}$ 为

$$Lq_{ij} = \frac{G_{ij}/G_i}{G_j/G}(i = 1, 2, \cdots, n; j = 1, 2, \cdots, m)\qquad(5\text{-}3)$$

式中，$G_{ij}$ 为 $i$ 城市 $j$ 部门从业人员数；$G_i$ 为 $i$ 城市总从业人员数；$G_j$ 为所在区域中 $j$ 部门的从业人数；$G$ 为城市所在区域总从业人员数。

若 $Lq_{ij} < 1$，则 $i$ 城市 $j$ 部门不存在外向功能，即 $E_{ij} = 0$；若 $Lq_{ij} > 1$，则 $i$ 城市 $j$ 部门存在外向功能，因为 $i$ 城市的总从业人员中分配给 $j$ 部门的比例超过了城市所在区域的分配比例，即 $i$ 部门在 $j$ 城市中相对于城市所在区域是专业化部门，可以为城市外界区域提供服务。因此，$i$ 城市 $j$ 部门的外向功能为

$$E_{ij} = G_{ij} - G_i \cdot (G_j/G)\qquad(5\text{-}4)$$

$i$ 城市 $m$ 个部门总的外向功能量 $E_i$ 为

$$E_i = \sum_{j=1}^{m} E_{ij}\qquad(5\text{-}5)$$

$i$ 城市的功能效率 $N_i$ 用人均从业人员的 GDP 表示，即

$$N_i = GDP_i/G_i\qquad(5\text{-}6)$$

式中，$GDP_i$ 为 $i$ 城市的国内生产总值。

$i$ 城市的城市流强度 $R_i$ 为

$$R_i = N_i \cdot E_i = (GDP_i/G_i) \cdot E_i = GDP_i \cdot (E_i/G_i) = GDP_i \cdot K_i\qquad(5\text{-}7)$$

式中，$K_i$ 为 $i$ 城市外向功能量占总功能量的比例，其实质是单位从业人员所提供的外向功能量，反映了 $i$ 城市总功能量的外向程度，又称为城市流倾向度。

## 5.1.5 城市腹地及划分

### 1. 城市腹地的内涵

城市腹地也称城市吸引范围、城市势力圈或城市影响区，是指城市的吸引力和辐射力对城市周围地区的社会经济联系起着主导作用的地域（王德和赵锦华，2000）。区域中任何一个城市都在对外辐射自身的影响力，其影响力的强度一般随着空间距离增加而衰减。区域中每一个地点同时接受区域内数个城市的辐射，在这数个城市中，总有一个城市对区域内该地点的辐射力最大，这个作为辐射源的城市对该地社会经济发展起主导作用。城市腹地范围可以理解为区域内某个城市的吸引力和辐射力对其周围地区社会经济联系起着主导作用的地域。区域内同

级城市空间相互作用力量平衡的结果反映在空间上就形成了城市腹地范围。

腹地资源是区域中心城市发展的重要支撑，区域中心城市离不开与周边区域的协同发展。合理地划分城市腹地可以正确把握区域中心城市的影响范围，为提升区域中心城市的功能与综合竞争力，实现区域经济、社会、生态等发展目标多重优化空间战略的制定提供依据，对分析城镇体系的等级结构、城市经济区划、区域空间分析等具有基础性的指导意义。

2. 场强模型

区域中心城市腹地划分常运用实证法、断裂点模型、引力模型、场强模型等方法。由于在实际运用中难以收集到研究所需的基础数据，实证法在我国城市腹地划分研究中较少用到，通常作为一种检验和补充的研究方法（Du，2000）。断裂点模型明晰了空间相互作用的两大要素，在空间两两之间作用的研究中具有较大的应用优势，但断裂点并不能直接勾勒出城市间腹地的边界线，一般需要借助自然或者人文要素的边界来进行腹地划分（王桂圆和陈眉舞，2004；Cui and Wu，2011）。引力模型是建立在城市层级划分基础上的，该方法主要侧重于借助城市影响范围的空间特征、城镇体系等研究城市层级的动态变化（Huff and Lutz，1989；Lutz and Huff，1995）。传统场强模型应用单一指标作为城市腹地划分的依据，如果通过构建复合指标来评价城市的综合实力，并作为城市腹地划分的依据，则更能够科学、客观地反映城市的空间影响能力（Yu et al.，2010）。研究在梳理与比较上述不同方法差异性基础上，拟采用复合评价指标的场强模型对晋陕豫三省交界地区的城市影响范围进行空间分析。

场强模型的前提是认为城市作为一定区域空间结构的核心具有集聚和扩散功能，从而影响着其周围区域。场强模型借用了物理学中的概念，将城市腹地看作城市影响力在空间上形成的力场，其大小称为场强（潘竟虎等，2008）。区域中心城市的场强存在于区域中每个点，场强随着到中心城市的距离增加而逐渐衰减。场强模型以各城市随距离衰减的场强值为基础，通过确定阈值后，界定出与城市紧密相连的腹地范围。也就是说，区域中凡是相应场强值在阈值之上的区域均为各城市相应的腹地。由此可以看出，在场强模型中各城市影响范围内具有不同的场强值。

场强模型的公式为

$$P_{ij} = \frac{M_j}{d_{ij}^a}(i \neq j) \tag{5-8}$$

式中，$P_{ij}$ 为中心城市 $j$ 对点 $i$ 的引力势能；$M_j$ 为中心城市 $j$ 的规模；$d_{ij}$ 为点 $i$ 到中心城市 $j$ 的空间距离；$a$ 为距离摩擦系数，一般取标准值 2.0（刘继生和陈彦光，2000）。

虽然区域内部的任意一点 $i$ 都接受来自区域内各中心城市的影响，但对于点 $i$ 来说，总有一个中心城市对其影响强度是所有中心城市中最大的。因此，可以求出区域内各中心城市对点 $i$ 的影响强度，再按照"取大"原则确定每个点所受影响强度及该影响力所来自的中心城市，以此确定该点的场强和归属（陈联和蔡小峰，2005；王成新等，2012）。

用各城市中心性指数作为 $M_j$ 的值，用来代表中心城市 $j$ 的规模，区域内任意一点 $i$ 到中心城市 $j$ 的距离 $d_{ij}$ 采用欧氏距离。

$$d_{ij} = \sqrt{(x_i - x_j)^2 + (y_i - y_j)^2} \tag{5-9}$$

式中，（$x_i$，$y_i$）为区域内任意一点 $i$ 的空间坐标；（$x_j$，$y_j$）为区域内中心城市 $j$ 的空间坐标。

# 5.2 晋陕豫三省交界地区城市功能评价

## 5.2.1 指标体系的构建

通过建立综合评价指标体系，选择核心关键指标，可以判定城市的区域中心地位，对区域中心城市经济社会发展综合水平进行排序。

城市对周边区域的辐射带动强度由城市自身规模、经济实力和服务能力决定，并随着周边城市的竞争力强弱而发生变化。这个指标应该是复合性的指标，要能够反映城市在经济、社会、服务等多方面对区域的影响和作用，还要能够比较全面地反映城市对区域的多方面影响以及城市与其他相关城市和区域间的竞合关系。因此，本研究采用综合指标体系来分析城市在省际边界地区的影响力，在把握客观性、实用性、可计量性和可比性等指标选择原则的基础上，尽量考虑指标能够反映城市影响的主要因素及其现状影响与潜在影响能力。

结合省际边界地区区域中心城市的职能构成研究，分别从城市的综合规模、产业结构、基础设施、公共服务 4 个方面选择评价指标。运用因子分析法提取影响省际边界地区区域中心城市的公共因子，对选取的公共因子通过特征值加权累加成为综合数值，并将该数值作为研究区域内各城市的中心性指标值（表 5-1）。

表 5-1　晋陕豫三省交界地区城市中心性评价指标体系

| 指标类别 | 指标名称 | 指标编号 |
|---|---|---|
| 综合规模 | 人口密度 | $X_1$ |
| | 国内生产总值 | $X_2$ |
| | 人均生产总值 | $X_3$ |
| | 地方财政收入 | $X_4$ |
| | 人均地方财政收入 | $X_5$ |
| 产业结构 | 第二产业增加值 | $X_6$ |
| | 第三产业增加值 | $X_7$ |
| | 第二产业从业人数 | $X_8$ |
| | 第三产业从业人数 | $X_9$ |
| | 规模以上工业总产值 | $X_{10}$ |
| | 全社会固定资产投资 | $X_{11}$ |
| 基础设施 | 加权公路网密度 | $X_{12}$ |
| | 铁路网密度 | $X_{13}$ |
| 公共服务 | 社会消费品零售总额 | $X_{14}$ |
| | 千人拥有医疗卫生机构床位数 | $X_{15}$ |

## 5.2.2　中心性指数计算

1. 数据来源及标准化处理

本书的研究数据来自公开的统计数据，主要来自《中国县域统计年鉴 2014》《中国城市统计年鉴 2014》《陕西统计年鉴 2014》《山西统计年鉴 2014》《河南统计年鉴 2014》，个别统计年鉴未记录的数据来自当地政府的政府工作报告或统计公报。

由于评价指标原始数据的计量单位不同，在进行因子分析之前要对原始数据进行标准化处理，以消除量纲影响。运用 SPSS19.0 统计分析软件的 Z-score 标准化方法（标准差标准化），即用每个变量值与其平均值之差除以该变量的标准差。经过处理的数据符合标准正态分布，无量纲化后各变量的平均值为 0，标准差为 1，从而消除量纲和数量级的影响。Z-score 标准化的公式为

$$Z = \frac{X - \overline{X}}{S} \tag{5-10}$$

式中，$Z$ 为标准化处理后的数据；$X$ 为原始数据；$\overline{X}$ 为原始数据数的均值；$S$ 为原始数据的标准差。

2. 相关性检验

因子分析是从众多原始变量中构造出少数几个具有代表意义的因子变量，参与因子分析的原始变量之间应具有较强相关性。如果原始变量之间的相关性不强，就无法提取出反映某些变量共同特性的公共因子。所以，在因子分析前需要对原始变量进行相关性分析，包括巴特利特球形检验（Bartlett test of sphericity）和 KMO（Kaiser-Meyer-Olkin）检验。

巴特利特球形检验以变量的相关系数矩阵为出发点。它的零假设相关系数矩阵是单位矩阵。如果给出的统计量较大，相伴概率值要在小于显著性水平 0.05 的情况下才适合进行因子分析。

KMO 统计量是变量间简单相关和偏相关系数平方和的差，取值范围为 0 ~ 1。当所有变量间的简单相关系数平方和远远大于偏相关系数平方和时，KMO 值接近 1。KMO 值越接近 1，变量间的相关性越强，原有变量越适合进行因子分析。当所有变量间的简单相关系数平方和接近 0 时，KMO 值接近 0。KMO 值越接近 0，变量间的相关性越弱，原有变量越不适合进行因子分析。Kaiser 给出的 KMO 检验标准：KMO ≥ 0.90 为非常适合，0.80 ≤ KMO < 0.90 为比较适合，0.70 ≤ KMO < 0.80 为一般，0.60 ≤ KMO < 0.70 为不太适合，KMO < 0.60 为不适合。

通过 SPSS19.0 软件对标准化后的数据检验，可知 KMO 值为 0.806，巴特利特球形检验给出的显著性小于显著性水平 0.05。因此，所选取的变量比较适合做因子分析（表 5-2）。

表 5-2 晋陕豫三省交界地区城市中心性因子分析的 KMO 和巴特利特球形检验

| 取样足够度的 KMO 度量 | | 0.806 |
|---|---|---|
| 巴特利特的球形检验 | 近似卡方 | 1111.430 |
| | df | 105 |
| | Sig. | 0.000 |

3. 公共因子提取及其解释

运用 SPSS19.0 软件对城市中心性的 15 项指标进行因子分析，得到特征根和方差贡献率（表5-3）。

表5-3　晋陕豫三省交界地区城市中心性评价公共因子特征根与累计方差贡献率

| 公共因子 | 初始特征值 | | | 提取平方和载入 | | | 旋转平方和载入 | | |
|---|---|---|---|---|---|---|---|---|---|
| | 特征根 | 方差贡献率/% | 累计方差贡献率/% | 特征根 | 方差贡献率/% | 累计方差贡献率/% | 特征根 | 方差贡献率/% | 累计方差贡献率/% |
| $F_1$ | 6.046 | 40.304 | 40.304 | 6.046 | 40.304 | 40.304 | 3.956 | 26.372 | 26.372 |
| $F_2$ | 3.276 | 21.840 | 62.143 | 3.276 | 21.840 | 62.143 | 3.626 | 24.177 | 50.549 |
| $F_3$ | 1.636 | 10.908 | 73.052 | 1.636 | 10.908 | 73.052 | 2.889 | 19.258 | 69.807 |
| $F_4$ | 1.326 | 8.841 | 81.893 | 1.326 | 8.841 | 81.893 | 1.813 | 12.085 | 81.893 |
| $F_5$ | 0.842 | 5.613 | 87.506 | | | | | | |
| $F_6$ | 0.594 | 3.959 | 91.465 | | | | | | |
| $F_7$ | 0.378 | 2.517 | 93.982 | | | | | | |
| $F_8$ | 0.289 | 1.925 | 95.907 | | | | | | |
| $F_9$ | 0.241 | 1.605 | 97.512 | | | | | | |
| $F_{10}$ | 0.159 | 1.060 | 98.572 | | | | | | |
| $F_{11}$ | 0.086 | 0.574 | 99.146 | | | | | | |
| $F_{12}$ | 0.070 | 0.467 | 99.613 | | | | | | |
| $F_{13}$ | 0.036 | 0.240 | 99.853 | | | | | | |
| $F_{14}$ | 0.020 | 0.133 | 99.986 | | | | | | |
| $F_{15}$ | 0.002 | 0.014 | 100.000 | | | | | | |

因子分析一般按照特征根大于1，累计方差贡献率大于80%的原则提取公共因子。晋陕豫三省交界地区城市中心性因子分析提取到$F_1$、$F_2$、$F_3$、$F_4$共计4个公共因子，累计方差贡献率为81.893%。

公共因子$F_1$载荷较大的指标为生产总值、第二产业增加值、第三产业总产值、规模以上工业总产值、全社会固定资产投资，$F_1$公共因子中的各项指标体现了城市的经济实力，特别是非农经济的规模和消费市场的活跃度，可以解释为经济实力因子。

公共因子$F_2$载荷较大的指标为人口密度、加权公路网密度、铁路网密度、社会消费品零售总额、千人拥有医疗卫生机构床位数，$F_2$公共因子中的各项指标体现了城市提供基础设施和公共服务的能力，可以解释为公共服务因子。

公共因子$F_3$载荷较大的指标为人均生产总值、地方财政收入、人均地方财政收入，$F_3$公共因子中的各项指标体现了城市管理机构可用来进行公共投资的经济实力，以及市民创造财富的能力，可以解释为投资能力因子。

公共因子 $F_4$ 载荷较大的指标为第三产业从业人数、第二产业从业人数，$F_4$ 公共因子中的各项指标体现了城市中劳动者在产业部门中的比例结构，这也是城市产业结构比例的反映，可以解释为产业结构因子（表5-4）。

表5-4　晋陕豫三省交界地区城市中心性评价因子的载荷矩阵

| 指标名称 | 公共因子 | | | |
|---|---|---|---|---|
| | $F_1$ | $F_2$ | $F_3$ | $F_4$ |
| 人口密度 | 0.088 | 0.919 | 0.032 | 0.184 |
| 生产总值 | 0.871 | 0.157 | 0.339 | 0.205 |
| 人均生产总值 | 0.232 | −0.017 | 0.894 | −0.063 |
| 地方财政收入 | 0.318 | 0.123 | 0.790 | 0.220 |
| 人均地方财政收入 | −0.063 | −0.062 | 0.941 | −0.084 |
| 第二产业增加值 | 0.743 | −0.029 | 0.553 | 0.190 |
| 第三产业增加值 | 0.714 | 0.501 | −0.104 | 0.123 |
| 第二产业从业人数 | 0.230 | 0.153 | 0.081 | 0.851 |
| 第三产业从业人数 | 0.108 | 0.211 | −0.041 | 0.863 |
| 规模以上工业总产值 | 0.830 | 0.131 | 0.111 | 0.225 |
| 全社会固定资产投资 | 0.882 | 0.072 | 0.133 | −0.007 |
| 加权公路网密度 | 0.070 | 0.820 | −0.255 | 0.271 |
| 铁路网密度 | 0.077 | 0.819 | 0.093 | 0.176 |
| 社会消费品零售总额 | 0.622 | 0.641 | −0.122 | 0.020 |
| 千人拥有医疗卫生机构床位数 | 0.200 | 0.802 | 0.143 | −0.055 |

4. 计算公共因子得分

根据因子得分系数和原始变量的标准化值，可以计算出各公共因子的得分（表5-5）。

表5-5　晋陕豫三省交界地区城市中心性评价公共因子得分

| 评价指标 | 公共因子 | | | |
|---|---|---|---|---|
| | $F_1$ | $F_2$ | $F_3$ | $F_4$ |
| 人口密度 | −0.108 | 0.300 | 0.060 | −0.006 |
| 生产总值 | 0.232 | −0.057 | 0.019 | 0.014 |
| 人均生产总值 | −0.036 | 0.031 | 0.330 | −0.068 |
| 地方财政收入 | −0.040 | 0.027 | 0.284 | 0.097 |

| 评价指标 | 公共因子 | | | |
|---|---|---|---|---|
| | $F_1$ | $F_2$ | $F_3$ | $F_4$ |
| 人均地方财政收入 | −0.146 | 0.058 | 0.390 | −0.040 |
| 第二产业增加值 | 0.177 | −0.092 | 0.114 | 0.045 |
| 第三产业增加值 | 0.206 | 0.070 | −0.116 | −0.069 |
| 第二产业从业人数 | −0.048 | −0.081 | 0.010 | 0.538 |
| 第三产业从业人数 | −0.085 | −0.054 | −0.018 | 0.553 |
| 规模以上工业总产值 | 0.252 | −0.079 | −0.069 | 0.037 |
| 全社会固定资产投资 | 0.303 | −0.074 | −0.072 | −0.122 |
| 加权公路网密度 | −0.071 | 0.237 | −0.061 | 0.069 |
| 铁路网密度 | −0.108 | 0.271 | 0.080 | 0.003 |
| 社会消费品零售总额 | 0.169 | 0.145 | −0.101 | −0.147 |
| 千人拥有医疗卫生机构床位数 | −0.039 | 0.283 | 0.081 | −0.169 |

$$F_1 = -0.108 \times ZX_1 + 0.232 \times ZX_2 - 0.036 \times ZX_3 - 0.040 \times ZX_4 - 0.146 \times ZX_5 + 0.177 \times ZX_6$$
$$+ 0.206 \times ZX_7 - 0.048 \times ZX_8 - 0.085 \times ZX_9 + 0.252 \times ZX_{10} + 0.303 \times ZX_{11}$$
$$- 0.071 \times ZX_{12} - 0.108 \times ZX_{13} + 0.169 \times ZX_{14} - 0.039 \times ZX_{15}$$

$$F_2 = 0.300 \times ZX_1 - 0.057 \times ZX_2 + 0.031 \times ZX_3 + 0.027 \times ZX_4 + 0.058 \times ZX_5 - 0.092 \times ZX_6$$
$$+ 0.070 \times ZX_7 - 0.081 \times ZX_8 - 0.054 \times ZX_9 - 0.079 \times ZX_{10} - 0.074 \times ZX_{11} + 0.237 \times ZX_{12}$$
$$+ 0.271 \times ZX_{13} + 0.145 \times ZX_{14} + 0.283 \times ZX_{15}$$

$$F_3 = 0.060 \times ZX_1 + 0.019 \times ZX_2 + 0.330 \times ZX_3 + 0.284 \times ZX_4 + 0.390 \times ZX_5 + 0.114 \times ZX_6$$
$$- 0.116 \times ZX_7 + 0.010 \times ZX_8 - 0.018 \times ZX_9 - 0.069 \times ZX_{10} - 0.072 \times ZX_{11} - 0.061 \times ZX_{12}$$
$$+ 0.080 \times ZX_{13} - 0.101 \times ZX_{14} + 0.081 \times ZX_{15}$$

$$F_4 = -0.006 \times ZX_1 + 0.014 \times ZX_2 - 0.068 \times ZX_3 + 0.097 \times ZX_4 - 0.040 \times ZX_5 + 0.045 \times ZX_6$$
$$- 0.069 \times ZX_7 + 0.538 \times ZX_8 + 0.553 \times ZX_9 + 0.037 \times ZX_{10} - 0.122 \times ZX_{11} + 0.069 \times ZX_{12}$$
$$+ 0.003 \times ZX_{13} - 0.147 \times ZX_{14} - 0.169 \times ZX_{15}$$

式中，$Z$ 为标准化处理后的数据。

根据公共因子特征根与累计方差贡献率表中各因子旋转后的方差贡献率，计算其综合因子得分如下：

$$F = (26.372\% \times F_1 + 24.177\% \times F_2 + 19.258\% \times F_3 + 12.085\% \times F_4)/81.893\%$$

晋陕豫三省交界地区各县（市、区）城市中心性评价指标 4 个公共因子 $F_1$、$F_2$、$F_3$、$F_4$ 和综合因子 $F$ 的得分见表 5-6。

表 5-6 晋陕豫三省交界地区各县（市、区）因子分析公共因子、综合因子排名

| 县<br>（市、区） | 公共因子 $F_1$<br>经济实力因子 | | 公共因子 $F_2$<br>支撑保障因子 | | 公共因子 $F_3$<br>投资能力因子 | | 公共因子 $F_4$<br>产业结构因子 | | 综合因子 $F$ | |
|---|---|---|---|---|---|---|---|---|---|---|
| | 得分 | 排名 | 得分 | 排名 | 得分 | 排名 | 得分 | 排名 | 得分 | 排名 |
| 湖滨区 | -0.189 | 28 | 4.731 | 1 | 1.340 | 7 | -1.007 | 60 | 1.502 | 1 |
| 灵宝市 | 5.810 | 1 | -1.237 | 60 | -0.215 | 25 | -0.717 | 55 | 1.349 | 2 |
| 义马市 | -0.073 | 20 | 2.521 | 3 | 1.783 | 4 | -0.064 | 22 | 1.130 | 3 |
| 韩城市 | 0.999 | 7 | -0.803 | 55 | 2.092 | 3 | 2.617 | 4 | 0.963 | 4 |
| 宝塔区 | 2.250 | 2 | -0.137 | 28 | -0.273 | 28 | 1.215 | 5 | 0.799 | 5 |
| 尧都区 | 1.980 | 3 | 1.303 | 5 | -0.697 | 47 | -0.588 | 47 | 0.772 | 6 |
| 临渭区 | 1.442 | 4 | 1.162 | 6 | -0.656 | 43 | 0.513 | 11 | 0.729 | 7 |
| 盐湖区 | 1.256 | 5 | 2.187 | 4 | -0.909 | 60 | -0.961 | 59 | 0.695 | 8 |
| 吴起县 | -0.162 | 24 | -0.917 | 57 | 4.263 | 1 | -0.530 | 43 | 0.601 | 9 |
| 河津市 | 0.669 | 8 | 0.785 | 7 | 0.522 | 44 | 0.142 | 36 | 0.591 | 10 |
| 侯马市 | -0.940 | 60 | 2.642 | 2 | 0.281 | 16 | 0.232 | 14 | 0.578 | 11 |
| 洪洞县 | 0.194 | 11 | -0.206 | 32 | 0.253 | 17 | 2.655 | 3 | 0.453 | 12 |
| 蒲城县 | -0.323 | 33 | -0.047 | 22 | -0.585 | 39 | 4.601 | 1 | 0.423 | 13 |
| 渑池县 | 1.121 | 6 | -0.229 | 33 | 0.711 | 14 | -0.528 | 42 | 0.383 | 14 |
| 志丹县 | -0.048 | 17 | -0.748 | 51 | 2.589 | 2 | -0.568 | 45 | 0.289 | 15 |
| 曲沃县 | -0.656 | 56 | 0.190 | 17 | -0.240 | 26 | 2.737 | 2 | 0.192 | 16 |
| 襄汾县 | -0.050 | 18 | 0.060 | 20 | -0.015 | 21 | 1.206 | 6 | 0.176 | 17 |
| 霍州市 | -0.368 | 37 | 0.155 | 18 | 0.432 | 15 | 0.596 | 8 | 0.117 | 18 |
| 闻喜县 | -0.154 | 23 | 0.539 | 9 | -0.387 | 31 | 0.628 | 7 | 0.111 | 19 |
| 洛川县 | 0.605 | 10 | -0.823 | 56 | 0.848 | 11 | -0.298 | 28 | 0.107 | 20 |
| 陕县 | 0.612 | 9 | -0.164 | 30 | 0.016 | 19 | -0.558 | 44 | 0.070 | 21 |
| 黄陵县 | -0.176 | 26 | -0.304 | 35 | 1.356 | 6 | -0.757 | 57 | 0.061 | 22 |
| 永济市 | 0.125 | 14 | 0.436 | 11 | -0.495 | 33 | 0.055 | 19 | 0.061 | 23 |
| 乡宁县 | -0.527 | 46 | -0.353 | 37 | 1.202 | 8 | 0.130 | 17 | 0.028 | 24 |
| 翼城县 | -0.249 | 29 | 0.075 | 19 | 0.008 | 20 | 0.524 | 10 | 0.021 | 25 |
| 临猗县 | -0.062 | 19 | 0.374 | 12 | -0.806 | 54 | 0.497 | 12 | -0.026 | 26 |
| 稷山县 | -0.540 | 47 | 0.615 | 8 | -0.595 | 41 | 0.532 | 9 | -0.054 | 27 |
| 富平县 | 0.114 | 15 | 0.363 | 13 | -0.713 | 48 | -0.391 | 34 | -0.082 | 28 |
| 华阴市 | -0.382 | 39 | 0.286 | 14 | -0.314 | 30 | 0.074 | 16 | -0.101 | 29 |
| 新绛县 | -0.358 | 36 | 0.511 | 10 | -0.564 | 36 | -0.122 | 23 | -0.115 | 30 |
| 蒲县 | -0.791 | 59 | -0.467 | 40 | 1.461 | 5 | -0.472 | 39 | -0.119 | 31 |
| 华县 | 0.173 | 12 | -0.170 | 31 | -0.247 | 27 | -0.455 | 37 | -0.120 | 32 |
| 安塞县 | -0.178 | 27 | -0.754 | 52 | 0.772 | 12 | -0.318 | 30 | -0.145 | 33 |
| 大荔县 | 0.147 | 13 | 0.194 | 16 | -0.841 | 57 | -0.629 | 50 | -0.186 | 34 |
| 古县 | -0.658 | 57 | -0.573 | 43 | 1.013 | 10 | -0.426 | 35 | -0.206 | 35 |

续表

| 县 (市、区) | 公共因子 $F_1$ 经济实力因子 | | 公共因子 $F_2$ 支撑保障因子 | | 公共因子 $F_3$ 投资能力因子 | | 公共因子 $F_4$ 产业结构因子 | | 综合因子 $F$ | |
|---|---|---|---|---|---|---|---|---|---|---|
| | 得分 | 排名 | 得分 | 排名 | 得分 | 排名 | 得分 | 排名 | 得分 | 排名 |
| 安泽县 | -0.642 | 54 | -0.609 | 44 | 1.120 | 9 | -0.658 | 51 | -0.220 | 36 |
| 澄城县 | -0.174 | 25 | -0.110 | 25 | -0.583 | 38 | 0.006 | 18 | -0.225 | 37 |
| 芮城县 | -0.280 | 32 | -0.116 | 26 | -0.738 | 49 | 0.183 | 15 | -0.271 | 38 |
| 子长县 | -0.119 | 21 | -0.717 | 49 | -0.035 | 22 | -0.157 | 26 | -0.282 | 39 |
| 潼关县 | -0.692 | 58 | 0.247 | 15 | -0.287 | 29 | -0.470 | 20 | -0.287 | 40 |
| 合阳县 | -0.261 | 30 | -0.032 | 21 | -0.784 | 51 | -0.299 | 29 | -0.322 | 41 |
| 绛县 | -0.264 | 31 | -0.326 | 36 | -0.684 | 46 | -0.064 | 21 | -0.351 | 42 |
| 万荣县 | -0.443 | 43 | -0.154 | 29 | -0.875 | 59 | 0.252 | 13 | -0.357 | 43 |
| 白水县 | -0.374 | 38 | -0.287 | 34 | -0.573 | 37 | -0.152 | 25 | -0.362 | 44 |
| 延川县 | -0.121 | 22 | -0.973 | 58 | 0.052 | 18 | -0.389 | 33 | -0.371 | 45 |
| 垣曲县 | -0.352 | 35 | -0.074 | 23 | -0.593 | 40 | -0.749 | 56 | -0.385 | 46 |
| 卢氏县 | -0.025 | 16 | -0.500 | 41 | -0.610 | 42 | -0.705 | 54 | -0.403 | 47 |
| 浮山县 | -0.439 | 42 | -0.771 | 53 | -0.129 | 23 | -0.151 | 24 | -0.422 | 48 |
| 平陆县 | -0.456 | 44 | -0.128 | 27 | -0.808 | 56 | -0.432 | 38 | -0.439 | 49 |
| 夏县 | -0.437 | 41 | -0.104 | 24 | -0.859 | 58 | -0.587 | 46 | -0.460 | 50 |
| 汾西县 | -0.596 | 49 | -0.467 | 39 | -0.748 | 50 | -0.175 | 27 | -0.531 | 51 |
| 富县 | -0.437 | 40 | -0.610 | 45 | -0.498 | 24 | -0.670 | 52 | -0.537 | 52 |
| 甘泉县 | -0.600 | 50 | -0.771 | 54 | -0.138 | 14 | -0.601 | 49 | -0.542 | 53 |
| 吉县 | -0.608 | 51 | -0.648 | 47 | -0.497 | 34 | -0.348 | 32 | -0.555 | 54 |
| 隰县 | -0.640 | 53 | -0.446 | 38 | -0.786 | 53 | -0.326 | 31 | -0.571 | 55 |
| 延长县 | -0.344 | 34 | -0.977 | 59 | -0.400 | 32 | -0.592 | 48 | -0.581 | 56 |
| 宜川县 | -0.487 | 45 | -0.697 | 48 | -0.684 | 45 | -0.699 | 53 | -0.627 | 57 |
| 永和县 | -0.645 | 55 | -0.556 | 42 | -0.785 | 52 | -0.492 | 40 | -0.629 | 58 |
| 大宁县 | -0.629 | 52 | -0.636 | 46 | -0.808 | 55 | -0.517 | 41 | -0.657 | 59 |
| 黄龙县 | -0.545 | 48 | -0.732 | 50 | -0.657 | 35 | -0.773 | 58 | -0.660 | 60 |

选取各县（市、区）综合因子 $F$ 的得分值作为城市中心性指数来量化城市的中心性强度大小。

## 5.2.3　城市功能的评价

城市影响强度维度判识以晋陕豫三省交界地区 60 个县（市、区）中心性强度分析为依据，通过比较区域内县（市、区）城市中心性强度指标，即综合因子 $F$ 以及经济实力因子 $F_1$、支撑保障因子 $F_2$、投资能力因子 $F_3$、产业结构因子 $F_4$ 共 4 个公共因子，分析得到在晋陕豫三省交界地区具备相对竞争优势的城市，判别其是否具有成为三省交界地区区域中心城市的潜力。

1. 综合因子 $F$ 对比

区域中心城市是一定区域内影响强度相对较大，能够通过自身影响、带动区域发展的城市。城市影响强度是区域中心城市最重要的衡量指标，以城市中心性分析中的综合因子 $F$ 作为城市综合影响强度衡量指标。

从综合因子 $F$ 来看，区域内不存在明显具有综合优势和各分项优势的城市（图 5-2）。晋陕豫三省交界地区城市综合功能排名位于前 10 位的县（市、区）分别为湖滨区、灵宝市、义马市、韩城市、宝塔区、尧都区、临渭区、盐湖区、吴起县和河津市。其中 5 个为现有地级市市辖区，这说明设区城市在综合影响强度方面具备优势。除此之外，山西省河津市，陕西省韩城市、吴起县，河南省灵宝市、义马市的城市综合影响强度也在晋陕豫三省交界地区相对突出。

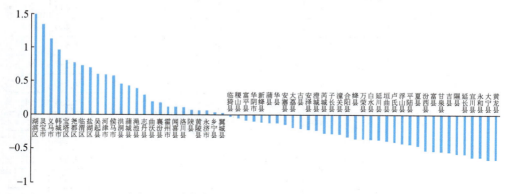

图 5-2　晋陕豫三省交界地区内城市中心性排序

2. 基于公共因子排名的遴选

将 4 个公共因子分别界定为 $F_1$（经济实力因子）、$F_2$（支撑保障因子）、$F_3$（投资能力因子）和 $F_4$（产业结构因子）。晋陕豫三省交界地区城市综合排名前 10 位的县（市、区）中，灵宝市 $F_1$ 因子排名第一，$F_2$、$F_3$ 和 $F_4$ 因子排名靠后，吴起县 $F_3$ 因子排名第一，$F_1$、$F_2$ 和 $F_4$ 因子排名靠后，河津市 $F_1$ 和 $F_2$ 因子排名靠前，$F_3$ 和 $F_4$ 因子排名靠后，反映出上述 3 个县（市）为专业性城市，功能相对单一，在某一城市职能上表现较为突出，但在区域中心城市建设必备公共服务等其他职能上有所欠缺。其中灵宝市金矿储量丰富，多年以黄金开采为主的有色金属矿采选占工业增加值的比例超过 80%；吴起县石油资源丰富，原油开采是其经济支柱，河津市以铝矿开采和加工为重点，3 个县（市）其他产业产值占经济总量的比例较小。因此，3 个县（市）在产业结构等方面的公共因子排名较为靠后。

3. 基于地理区位的遴选

晋陕豫三省交界地区城市综合功能排名前 10 位的县（市、区）中，吴起县、义马市、临渭区、灵宝市、湖滨区 5 个县（市、区）均位于区域的边缘，该类城市建设区域中心城市较易产生两方面的影响：一方面，对于深处内陆地区的省际边界地区而言，位于区域边缘意味着城市与区域最远端的城市之间的交通联系十分不便，影响城市中心性的发挥；另一方面，位于区域边缘意味着其与外部较大规模的中心城市的距离较近，容易受到外部中心城市的吸引，难以形成具备一定的经济规模和人口规模的综合性城市。因此，上述 5 个县（市、区）在区域中心城市的建设上存在地理区位上的劣势。而晋陕豫三省交界地区韩城市、河津市、宝塔区、尧都区、盐湖区等的地理位置更靠近区域的几何中心，城市的辐射影响在空间上较易覆盖整个省际边界地区。

4. 基于城市行政等级的遴选

晋陕豫三省交界地区城市综合功能排名前 10 位的县（市、区）中，灵宝市、义马市、吴起县和河津市分别为三门峡市、延安市和运城市所辖。由于我国实行广域型的市制，上述 4 个县（市）在行政管理上受上级城市的管制，独立发展的难度较大。相比而言，湖滨区、宝塔区、尧都区、临渭区和盐湖区等 5 个市辖区，在发展过程中可以调配市域内各县（市、区）资源，更有利于实现综合发展的目标。此外，陕西省韩城市于 2012 年成为省内唯一计划单列城市，行政级别升格为副地级市，在经济管理、财政税收、行政管理、项目布局和资金安排、用地计划等层面拥有较高的自由度，在建设区域中心城市行政等级层面也拥有一定的优势。

5. 综合评价

省际边界地区区域中心城市应具备相对强的城市中心性，在区域内的辐射带动作用强，能够通过自身发展组织、优化区域要素配置，从而成为区域增长极，带动区域整体发展。通过城市中心性的综合分析，现有 5 个市辖区的实力相对较强。除此之外，韩城市在综合影响强度、经济实力、投资能力、产业结构等方面具备与 5 个市辖区竞争的实力。因此，从城市影响强度方面分析，认为晋陕豫三省交界地区的渭南市、延安市、韩城市、临汾市、运城市、三门峡市等 6 个城市具有建设成为区域中心城市的潜力（表 5-7）。

表 5-7　晋陕豫三省交界地区城市发展条件对比及潜在区域中心城市遴选

| 城市 | 城市职能 | 地理区位 | 行政等级 | 综合遴选结果 |
|:---:|:---:|:---:|:---:|:---:|
| 三门峡市 | + | － | + | √ |
| 灵宝市 | － | － | － | × |
| 义马市 | + | － | － | × |
| 韩城市 | + | + | + | √ |
| 延安市 | + | + | + | √ |
| 临汾市 | + | + | + | √ |
| 渭南市 | + | － | + | √ |
| 运城市 | + | + | + | √ |
| 吴起县 | － | － | － | × |
| 河津市 | － | + | － | × |

注：+代表该市（县）为综合性城市、地理区位靠近几何中心、行政等级为县级以上；－代表该市（县）为专业性城市、地理区位位于区域边缘、行政等级为县级及以下。

# 5.3　区域中心城市建设发展条件评价

在确定晋陕豫三省交界地区潜在区域中心城市之后，分别从经济发展、公共服务、交通可达和政策支持等 4 个方面对渭南市、延安市、韩城市、临汾市、运城市、三门峡市等 6 个潜在区域中心进行发展条件分析。采用城市流强度方法分析 6 个城市的经济发展和公共服务发展条件，评价各城市在中心城市经济职能和公共服务职能上所表现出的特征与短板。采用交通可达性分析区域的交通特征以及研究、绘制 6 个城市的交通可达等值线，分析各城市的交通发展条件。采用定性分析方法，评价 6 个城市在建设区域中心城市中享受的政策支持力度。

## 5.3.1　城市职能评价

研究采用城市流强度分析方法来判定各城市经济发展侧重、经济联系和公共服务发展水平。在评价时采用区位熵、外向功能量、城市流强度和城市流强度结构等指标。数据采用全国经济普查数据，来源于《陕西经济普查年鉴》《山西经济普查年鉴》《河南经济普查年鉴》《韩城市经济普查资料汇编》以及 6 个潜在区域中心城市的全国经济普查主要数据公报。全国经济普查时韩城的数据也计入渭南，故所采用的渭南各项数据需先剔除韩城。

1. 城市流强度指数计算

区域中心城市的经济功能主要表现为对周边城市的经济辐射和带动功能，这种外向型功能主要是通过城市非农产业的规模化发展，吸引人流、物流集聚，推动城市服务功能的升级，实现城市规模和职能的提升，进而带动区域发展。研究通过逐步计算城市外向功能区位熵、外向功能量、城市流强度及其结构，测度 6 个潜在区域中心城市对区域的辐射带动能力，进而分析其成因。

**（1）外向功能区位熵**

选择反映城市辐射带动作用的经济发展和公共服务行业类型，以计算 6 个潜在区域中心城市的外向功能区位熵，用以分析各城市经济发展和公共服务的发展特征与存在的短板。对于晋陕豫三省交界地区而言，区域中心城市经济发展主要依靠制造业和现代服务业。其中现代服务业包括现代物流、科技服务、现代金融和信息服务 4 个亚类；公共服务类型包括教育、医疗、文化和管理 4 个亚类。在具体分析时，基于数据的可获取原则，将每个亚类对应到《国民经济行业分类》（GB/T 4754—2011）中的具体行业门类（图 5-3）。将各城市非农产业中各行业门类的从业人员数作为衡量城市该项功能的功能量指标，计算出各城市不同的外向功能区位熵（表 5-8）。

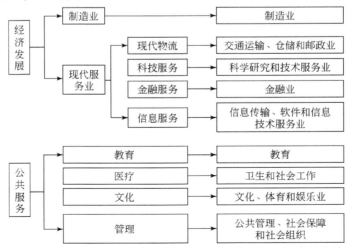

图 5-3  区域中心城市经济发展和公共服务功能与行业门类对应关系

表 5-8    晋陕豫三省交界地区潜在区域中心城市外向功能行业门类区位熵

| 行业门类 | 渭南市 | 延安市 | 韩城市 | 运城市 | 临汾市 | 三门峡市 |
|---|---|---|---|---|---|---|
| 制造业 | 1.048 | 0.398 | 1.132 | 1.634 | 0.850 | 0.923 |
| 交通运输、仓储和邮政业 | 0.740 | 0.852 | 0.389 | 0.987 | 0.746 | 1.588 |
| 信息传输、软件和信息技术服务业 | 1.175 | 0.603 | 0.038 | 1.432 | 1.706 | 0.410 |
| 金融业 | 1.762 | 1.300 | 0.278 | 0.821 | 1.037 | 0.386 |
| 科学研究和技术服务业 | 1.778 | 1.597 | 0.655 | 0.596 | 0.957 | 0.366 |
| 教育 | 1.107 | 0.961 | 0.631 | 1.370 | 1.327 | 0.477 |
| 卫生和社会工作 | 1.221 | 1.131 | 0.471 | 1.190 | 1.146 | 0.565 |
| 文化、体育和娱乐业 | 0.886 | 0.964 | 0.796 | 1.251 | 1.256 | 0.779 |
| 公共管理、社会保障和社会组织 | 1.069 | 1.210 | 0.747 | 1.122 | 1.458 | 0.440 |

如果城市中某个行业门类的区位熵小于1，则说明城市该项经济（或服务）类型不存在辐射带动功能；如果城市中某个行业门类的区位熵大于1，则说明城市该项经济（或服务）类型的行业门类在区域内相对专业化，不仅为城市自身提供服务，还为城市之外的区域提供服务。将6个潜在区域中心城市各行业门类的区位熵绘制成雷达图，用以分析各城市在经济发展和公共服务功能上的优势和不足（图5-4）。

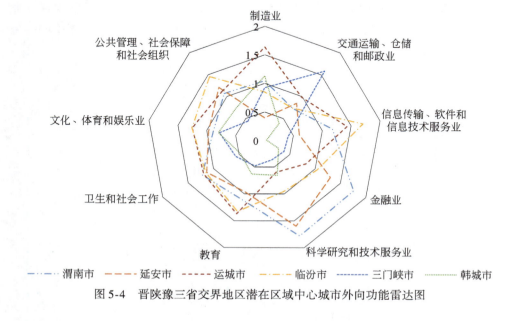

图 5-4    晋陕豫三省交界地区潜在区域中心城市外向功能雷达图

### （2）外向功能量

外向功能量是相对概念，城市某功能的外向功能量用其所对应的行业的人口数量表征。外向功能量与外向区位熵存在关联性：如果城市的某个行业的区位熵小于1，则确定其在该行业的外向功能量为0，如果城市的某个行业的区位熵大于1，则确定其在该行业的外向功能量为其所对应的行业的人口数量。需要说明的是，外向功能量为0，并不意味着该行业就完全没有外向服务的功能，而是说明该城市该行业的发展水平相对于研究区域内该行业的整体发展水平还比较弱，或者其发展水平与该城市的规模、等级还不相称。根据城市流强度外向功能量的计算方法，得到6个潜在区域中心城市行业门类外向功能量（表5-9），城市的整体外向功能量用该城市所有外向功能部门的外向功能量之和来衡量（表5-10）。

表 5-9　晋陕豫三省交界地区潜在区域中心城市行业门类外向功能量

（单位：$10^4$人）

| 行业门类 | 渭南市 | 延安市 | 韩城市 | 运城市 | 临汾市 | 三门峡市 |
|---|---|---|---|---|---|---|
| 制造业 | 0.63 | 0 | 0.30 | 7.35 | 0 | 0 |
| 交通运输、仓储和邮政业 | 0 | 0 | 0 | 0 | 0 | 1.76 |
| 信息传输、软件和信息技术服务业 | 0.08 | 0 | 0 | 0.17 | 0.26 | 0 |
| 金融业 | 0.52 | 0.14 | 0 | 0 | 0.02 | 0 |
| 科学研究和技术服务业 | 1.14 | 0.61 | 0 | 0 | 0 | 0 |
| 水利、环境和公共设施管理业 | 0.50 | 0.26 | 0 | 0 | 0 | 0 |
| 居民服务、修理和其他服务业 | 0 | 0 | 0 | 0 | 0 | 1.71 |
| 教育 | 0.68 | 0 | 0 | 2.09 | 1.70 | 0 |
| 卫生和社会工作 | 0.56 | 0.23 | 0 | 0.43 | 0.30 | 0 |
| 文化、体育和娱乐业 | 0 | 0 | 0 | 0.17 | 0.16 | 0 |
| 公共管理、社会保障和社会组织 | 0.71 | 1.50 | 0 | 1.11 | 3.81 | 0 |

表 5-10　晋陕豫三省交界地区潜在区域中心城市整体外向功能量、
功能效率、城市流强度和城市流倾向度

| 城市 | 整体外向功能量 E/$10^4$人 | 功能效率 N/（$10^4$元/人） | 城市流强度 R/$10^8$元 | 城市流倾向度 K=E/G |
|---|---|---|---|---|
| 渭南市 | 4.82 | 13.39 | 64.54 | 0.07 |
| 延安市 | 2.74 | 27.14 | 74.36 | 0.06 |
| 韩城市 | 0.3 | 23.45 | 7.04 | 0.03 |

| 城市 | 整体外向功能量 $E/$ $10^4$ 人 | 功能效率 $N/$ （$10^4$ 元/人） | 城市流强度 $R/$ $10^8$ 元 | 城市流倾向度 $K=E/G$ |
|---|---|---|---|---|
| 运城市 | 11.32 | 16.19 | 183.27 | 0.30 |
| 临汾市 | 6.25 | 21.2 | 132.50 | 0.18 |
| 三门峡市 | 3.47 | 14.39 | 49.93 | 0.05 |

**（3）城市流强度**

城市流强度代表城市与外界联系的紧密程度，城市流强度越大则表明城市与外界的经济联系越紧密，反之亦然。

城市流强度结构的主要影响因素是反映城市综合实力的 GDP 与代表城市综合服务能力的城市流倾向度 $K$。由于城市的 GDP 与城市流倾向度 $K$ 之间的量纲差异较大，将城市的这两个指标按照以下公式标准化得到 GDP′ 和 $K′$ 后进行横向对比（表 5-11）。

$$GDP'_i = GDP_i / maxGDP$$

$$K'_i = K_i / maxK$$

式中，GDP′_i 为标准化后 $i$ 城市的国内生产总值指数；$GDP_i$ 为 $i$ 城市的国内生产总值；maxGDP 为所有城市国内生产总值的最大值；$K'_i$ 为标准化后 $i$ 城市的 城市流倾向度指数；$K_i$ 为 $i$ 城市的 城市流倾向度；maxK 为所有城市的城市流倾向度的最大值。

**表 5-11　晋陕豫三省交界地区潜在区域中心城市流强度结构**

| 指标 | 渭南市 | 延安市 | 韩城市 | 运城市 | 临汾市 | 三门峡市 |
|---|---|---|---|---|---|---|
| GDP′ | 0.71 | 1.00 | 0.21 | 0.76 | 0.91 | 0.89 |
| $K′$ | 0.23 | 0.2 | 0.1 | 1.00 | 0.6 | 0.17 |

2. 职能评价

**（1）综合分析**

晋陕豫三省交界地区城市流强度较大的城市为运城市、临汾市，说明这两个城市与外界的经济联系相对紧密，城市的经济发展和公共服务综合发展条件较好，具有相对突出的集聚和辐射效应。延安市、渭南市、三门峡市、韩城市在三省交界地区各市中的城市整体外向功能量和城市流强度均比较低，且与其他城市存在明显差距，与外界联系的紧密程度不足。

**（2） 基于城市流强度结构的分析**

6 个潜在区域中心城市的城市流强度结构分析表明延安市、临汾市、三门峡市、运城市、渭南市的城市综合实力较强（GDP′），但延安市、渭南市和三门峡市的服务能力较差（K′），导致其城市流强度指数排名靠后，故在建设区域中心城市的过程中，上述 3 个城市应增强城市对外服务能力建设（表 5-11）。临汾市自身的综合实力水平强于其对外服务能力，也应从增强城市对外服务能力入手开展区域中心城市建设。运城市则与临汾市相反，其区域中心城市建设应从提升经济水平着手。就韩城而言，其城市综合实力与对外服务能力均较差，区域中心城市建设需要同时提升两者的水平。

**（3） 基于区位熵的分析**

通过比较晋陕豫三省交界地区潜在区域中心城市外向服务职能的区位熵，可以判别城市具备哪些外向服务功能以及对外服务的能力。结果表明，6 个潜在区域中心城市中的经济发展和公共服务功能的区位熵均略大于 1，说明各城市的辐射带动能力具有相对优势，但还不够突出，即在整个研究区域中，不存在所有产业专业化程度均有优势的城市（表 5-12）。因此，各城市建设区域中心城市均应提升经济发展和公共服务两个功能。整个区域在现代物流、科技服务和金融服务等领域存在较大短板。

表 5-12　晋陕豫三省交界地区潜在区域中心城市相对专业化产业

| 城市 | 经济发展 | | | | | 公共服务 | | | |
|------|------|------|------|------|------|------|------|------|------|
| | 制造业 | 现代物流 | 科技服务 | 金融服务 | 信息服务 | 教育 | 医疗 | 文化 | 管理 |
| 渭南市 | 1.0 | | 1.8 | | 1.2 | 1.1 | 1.2 | | 1.1 |
| 延安市 | | | 1.6 | 1.3 | | | 1.1 | 1.1 | 1.1 |
| 韩城市 | 1.1 | | | | | | | | |
| 运城市 | 1.6 | | | | 1.4 | 1.4 | 1.2 | | 1.1 |
| 临汾市 | | | 1.0 | | 1.7 | 1.3 | 1.1 | 1.3 | 1.5 |
| 三门峡 | | 1.6 | | | | | | | |

针对具体城市而言，渭南市在制造业、科技服务、信息服务、教育、医疗和管理等领域拥有一定的辐射带动作用，但在现代物流、金融服务和文化等方面存在不足；延安市在科技服务、金融服务、医疗、文化和管理等方面具备优势，但在现代物流、信息服务、制造业和教育等方面有待进一步提升；运城市在制造业、信息服务、教育、医疗、管理等方面发展较好；临汾市表现出经济发展相对

公共服务功能发展相对滞后的特点；三门峡市和韩城市各有 1 个领域在区域内具有辐射带动效应，其他领域则存在较大差距。

## 5.3.2 交通条件评价

晋陕豫三省交界地区受地形地貌条件对交通联系的制约以及行政区划和黄河对交通联系的分割，各城镇的交通可达性具有较大差异，与周边城镇的交通联系便捷程度也有所差别。通过交通可达性分析，可以评价晋陕豫三省交界地区内潜在区域中心城市的交通设施水平，并分析城市之间的交通联系程度以及各行政区内部交通设施布局的均衡性，进而发现潜在区域中心城市在交通设施建设中存在的问题和不足。

1. 交通可达性分析思路

将晋陕豫三省交界地区可达性界定为单位时间从该空间单元的行政中心所在地向周边出行可达到的平均距离，并从区域内城镇交通联系的通达水平和交通设施布局的均衡性水平两个层面表征。采用栅格成本加权距离（周青浮和范荣华，2015）的方法，对研究区域 60 个县（市、区）空间单元的公路交通可达性进行研究（陈洁等，2007；王振波等，2010），分析交通网络的空间格局对区域发展的影响，从交通层面评价区域内城市的发展潜力。

分析步骤为：首先要得到交通时间成本的栅格图，即用正交网格将研究区域分割为栅格图像，每个栅格的属性值为交通时间成本。然后运用最短路径方法，在栅格数据上计算每个栅格到某个目的栅格的最短加权距离，得出每个空间单元的可达性。

计算原理为：每个非边缘位置的栅格有 8 个相邻的栅格，每个栅格与周边栅格有 8 条联络线；如果 2 个栅格是水平或垂直相邻的，其联络线的长度应为这 2 个栅格边长的平均值，如果 2 个栅格是斜角相邻的，其联络线的长度应为这 2 个栅格边长平均值的 2 倍；如果将某个栅格设定为源，则作为源栅格的交通时间成本则为 0，每个源栅格周围的 $n$ 个栅格与之形成 $n$ 条联络线，源栅格到其周边 $n$ 个栅格的总时间成本可以用来表示其可达性。

2. 数据准备及可达性计算

进行可达性分析时所采用的空间单元边界、地理位置、水系矢量数据来源于

《1:400 万中国基础地理信息数据》，高速公路，国道，县、乡公路数据来源于《中国高速公路及城乡公路网地图集》（天域北斗数码科技有限公司，2015），研究所使用的空间分析软件为 ArcGIS10.2。

对研究区域的铁路、高速公路及城乡路网栅格数据投影变换和配准后进行矢量化，建立区域铁路及等级以上道路基础数据（图 5-5）。

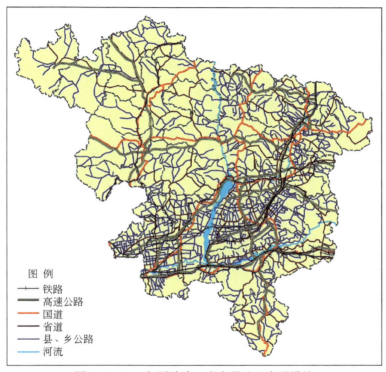

图 5-5　2015 年晋陕豫三省交界地区交通设施

将研究区域的地表类型分为陆地、水域和道路三大类，道路可细分为高速公路，国道，省道，县、乡公路四小类。为了计算通达度，需要给不同类别的用地赋以交通时间成本，即交通行为在不同地表类型加上所需要消耗的时间。这里按照高速公路 120km/h，国道 80km/h，省道 60km/h，县、乡公路 40km/h 赋值；非道路设施陆地交通方式为步行，步行速度按照均值 5km/h 赋值；考虑到水域仍然具有一定的通过性，需绕行通过桥梁后到达对岸，按照 1km/h 赋值。

用栅格转换工具将陆地，水域，高速公路，国道，省道，县、乡公路 6 个矢量图层分别转换为栅格数据图层，栅格大小设定为 100m×100m，栅格的值设定为交通速度值，得到交通速度栅格。利用栅格计算器将交通速度栅格转换为交通时间成本栅格，转换公式如下：

$$t = \frac{100}{1000v} \times 3600 \qquad (5-11)$$

式中，$v$ 为交通速度栅格中各栅格的交通速度值；$t$ 为交通时间成本栅格中各栅格的交通成本值（时间单位为秒）。

对非道路设施陆地，水域，高速公路，国道，省道，县、乡公路等交通成本栅格数据图层进行空间叠加，各图层栅格交通成本数值按照"取小"原则，叠加后即可得到研究区域的综合交通时间成本栅格图层（图5-6）。

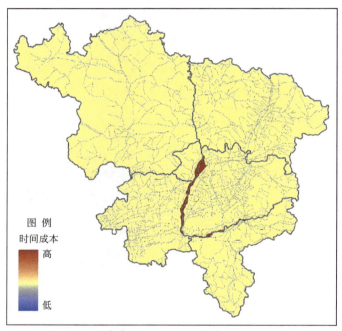

图5-6　晋陕豫三省交界地区综合交通时间成本

运用《1∶400万中国基础地理信息数据》县级以上居民地数据建立点图层，以综合交通时间成本栅格图层为数据源，计算出图上每栅格的交通成本距离加权距离图，按照自然断点分类法将区域的可达性划分为5个等级，图5-7中蓝色区域为可达性高的区域，红色区域为可达性低的区域。

**3．交通可达性评价**

**（1）区域各行政单元可达性**

用县（市、区）行政区范围内所有栅格的交通成本距离的平均值作为该县

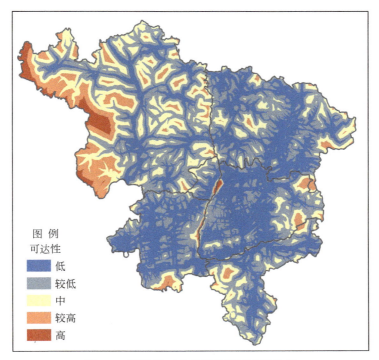

图例
可达性
■ 低
■ 较低
□ 中
■ 较高
■ 高

图 5-7　晋陕豫三省交界地区可达性分级

（市、区）的可达性指数，绘制晋陕豫三省交界区 60 个县（市、区）的行政单元可达性水平图，并按照自然断点分类法将行政单元可达性指数分为 4 个等级，用来分析潜在区域中心城市在区域交通中的地位（图 5-8）（Wu and Cui，2016）。

　　从图 5-8 中可以看出，渭南市、运城市、三门峡市 3 个城市周边多为高可达性城镇，即城镇间的交通联系表现出"高–高"的格局，构成了连续的高可达性片区，形成区域内交通联系最为便捷的区域；而韩城市、临汾市自身可达性为较高，其周边也多为可达性较高城镇，其与周边城镇的交通联系表现出"较高–较高"或"较高–较低"的格局，但城市与周边各方向上的城镇联系的交通便捷性有所差别；延安市自身的可达性较低，且与周边可达性较低的城镇形成"较低–较低"的聚集，表明延安市到周边各方向城镇交通的便捷性均比较差。

　　可达性指数越小表明该行政单元的交通可达性越高，与周边的交通越便利，反之亦然。通过对比晋陕豫三省交界地区 6 个潜在区域中心城市的可达性指数，可以看出这些城市之间交通设施水平的差异（表 5-13）。

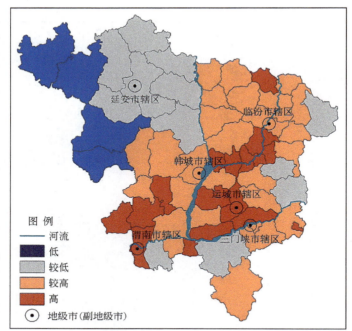

图5-8　晋陕豫三省交界地区县（市、区）行政单元可达性分级

图中红色的行政单元为可达性高区域（可达性指数≤27.04），粉色的行政单元为可达性较高
区域（27.04<可达性指数≤37.70），灰色的行政单元为可达性较低区域（37.70<可
达性指数≤59.76），蓝色的行政单元为可达性低区域（可达性指数>59.76）

表5-13　晋陕豫三省交界地区潜在区域中心城市可达性指数及排名

| 排名 | 城市 | 可达性指数 |
|---|---|---|
| 1 | 三门峡市 | 18.31 |
| 2 | 运城市 | 21.20 |
| 3 | 渭南市 | 26.98 |
| 4 | 临汾市 | 27.75 |
| 5 | 韩城市 | 36.95 |
| 6 | 延安市 | 49.20 |
| 60个县（市、区）的平均值 | | 35.34 |

　　6个潜在区域中心城市中可达性指数最小的是三门峡市，其交通可达性最好，具备较大优势；其次是运城市、渭南市和临汾市，3个城市的可达性指数都小于区域平均水平，说明其交通可达性较区域整体水平高，具有一定优势；韩城市、延安市的可达性指数大于区域平均水平，说明其交通可达性在区域整体水平之下，交通可达性相对较差。

通过计算县（市、区）行政单元内部可达性指数的标准差，可以分析行政单元内部交通设施布局的空间均衡程度（表5-14）。行政单元交通可达性的标准差数值越小，说明其内部交通布局越均匀，反之则说明行政单元内部交通设施空间分布的均衡性较差。

表5-14　晋陕豫三省交界地区潜在区域中心城市可达性指数标准差及排名

| 排名 | 城市 | 可达性指数标准差 |
|---|---|---|
| 1 | 三门峡市 | 9.00 |
| 2 | 运城市 | 9.10 |
| 3 | 临汾市 | 12.90 |
| 4 | 渭南市 | 13.15 |
| 5 | 延安市 | 19.12 |
| 6 | 韩城市 | 22.49 |
| 60个县（市、区）的平均值 | | 18.24 |

6个潜在区域中心城市可达性指数标准差最小的是三门峡市，表明其交通设施空间布局均衡，由于其可达性也处在区域最优水平，反映出该城市交通设施的均好性；运城市、临汾市、渭南市的可达性指数标准差也相对较小，且小于区域平均水平，加之这3个城市的可达性在区域内也处于较高水平，反映了这些城市的交通设施水平和空间布局上均有一定优势；韩城市、延安市的可达性指数标准差大于区域平均水平，说明其交通设施空间布局不均衡性较为明显。

**（2）潜在区域中心城市可达性**

以6个潜在区域中心城市为出发点，绘制各城市的可达性扩散图（图5-9），并划定1h、2h、3h交通圈。各级别交通圈的面积大小和对晋陕豫三省交界地区的覆盖率可以表征潜在区域中心城市可达性的优劣（表5-15）。

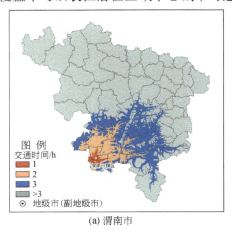

（a）渭南市　　　　　　（b）延安市

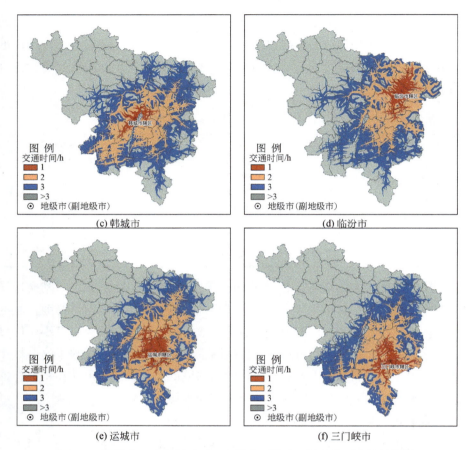

图 5-9  晋陕豫三省交界地区 6 个潜在区域中心城市的可达性扩散图

表 5-15  晋陕豫三省交界地区潜在区域中心城市交通圈覆盖面积

| 城市 | 1h 交通圈 | | 2h 交通圈 | | 3h 交通圈 | |
|---|---|---|---|---|---|---|
| | 面积/km² | 覆盖率/% | 面积/km² | 覆盖率/% | 面积/km² | 覆盖率/% |
| 渭南市 | 681.15 | 0.72 | 6 879.18 | 7.24 | 21 693.7 | 22.84 |
| 延安市 | 1 022.74 | 1.08 | 9 951.94 | 10.48 | 25 183.55 | 26.51 |
| 韩城市 | 1 713.36 | 1.80 | 19 235.36 | 20.25 | 47 546.25 | 50.05 |
| 临汾市 | 3 508.37 | 3.69 | 21 120.53 | 22.23 | 45 944.21 | 48.36 |
| 运城市 | 4 233.72 | 4.46 | 23 054.32 | 24.27 | 45 421.93 | 47.81 |
| 三门峡市 | 3 298.98 | 3.47 | 19 363.81 | 20.38 | 41 115.48 | 43.28 |
| 平均值 | 2 409.72 | 2.54 | 16 600.86 | 17.48 | 37 817.52 | 39.81 |

以 1h 交通圈为例，运城市、临汾市、三门峡市的 1h 交通圈覆盖范围相对较广，超过区域平均水平，但其覆盖率都不足 5%，说明整个区域内的交通网络的密度还比较小，特别是高等级道路尚未形成覆盖三省交界地区的网络；韩城市的 1h 交通圈覆盖水平居中，但低于区域平均水平，其主要原因是韩城市交通设施受黄河制约，与黄河东岸的连接通道数量少，影响韩城市路网与山西省路网的联通度；延安市的 1h 交通圈覆盖率也比较低，主要原因是延安市地处黄土高原腹地，路网密度普遍低；渭南市的 1h 交通圈覆盖率最低，主要原因是渭南市南依秦岭，向北有渭河形成与渭北地区的阻隔。

将 6 个潜在区域中心城市的可达性扩散图叠加后可得到整个晋陕豫三省交界地区潜在区域中心城市的可达性扩散图（图 5-10）。

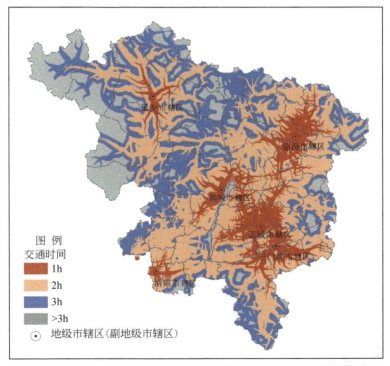

图 5-10 晋陕豫三省交界地区潜在区域中心城市的可达性扩散图

从图 5-10 中可以看出，运城市和三门峡市的 1h 交通圈实现了较好的对接，韩城市、临汾市、运城市 3 个城市之间 1h 交通圈已沿着高速公路等交通干线对接，渭南市与韩城市、运城市之间能够实现 2h 交通圈的对接，而位于区域西北部的延安市仅能够实现与韩城市、临汾市 3h 交通圈在交通干线上的对接。在晋陕豫三省交界地区区域中心城市建设中，区域交通设施应进一步优化路网结构和提升道路等级，增加晋陕之间跨黄河连接通道的数量，提高区域西北部黄土高原区的路网密度，以实现区域中心城市与其他城市之间的便捷联系，使区域中心城市能够以尽可能短的交通时间来覆盖更广的地域范围。

在晋陕豫三省交界地区潜在区域中心城市的可达性扩散图中，两两潜在区域中心城市之间会存在交通可达性的边界，即边界上的点到这两个城市的交通可达性是相等的。这样就能够形成三省交界地区潜在区域中心城市的可达性腹地范围（图5-11）。

图 5-11　晋陕豫三省交界地区潜在区域中心城市的可达性腹地

从图 5-11 可以看出，延安市、渭南市和运城市 3 个城市的可达性腹地面积均小于行政区面积，临汾市、韩城市和三门峡 3 个城市的可达性腹地面积均大于行政区面积。延安市的可达性腹地没有覆盖到其行政区的东部，而这部分区域成为临汾市和韩城市的可达性腹地；渭南市行政区的北部成为韩城市的可达性腹地，东部少部分地区成为三门峡市的可达性腹地；运城市与临汾市、韩城市之间行政边界基本上与可达性腹地范围相符，其南部少部分地区成为三门峡市的可达性腹地;韩城市的可达性腹地除了能够覆盖其行政区,还能够覆盖周边延安市、渭南市、运城市、临汾市的部分行政区范围。

## 5.3.3 行政因素分析

晋陕豫三省交界地区区域中心城市建设在政策层面的发展机遇与挑战并存。一方面,晋陕豫黄河金三角区域合作升级为国家战略,为全面激活区域发展活力,整合利用区域资源要素,实现自身跨越发展提供了重大机遇。另一方面,晋陕豫三省也出台了各自建设三省交界地区区域中心城市的政策,并给予一定的发展优惠条件,形成了潜在区域中心城市之间的竞争关系(表5-16)。

表 5-16    晋陕豫三省交界地区区域中心城市建设支持政策

| 政策层面 | | 内容 |
|---|---|---|
| 国家层面 | | 晋陕豫黄河金三角区域合作升级为国家战略 |
| 省级层面 | 陕西省 | 韩城市计划单列;<br>支持韩城建设秦晋豫毗邻区域中心城市;<br>支持渭南建设陕西东大门 |
| | 山西省 | 支持运城建设成为晋陕豫黄河金三角在新亚欧大陆桥、丝绸之路经济带上的重要节点;<br>以运城为核心建设晋南城镇群 |
| | 河南省 | 支持三门峡建设晋陕豫黄河金三角地区中心城市 |

1. 韩城市

2012 年,韩城成为陕西省唯一计划单列城市,行政级别升格为副市厅级建制,在经济管理、财政税收、行政管理、项目布局和资金安排、用地计划、环境和生态保护方面予以政策支持。《陕西省国民经济和社会发展第十三个五年规划纲要》提出打造包括韩城市在内的五大区域增长极,将韩城市建设为秦晋豫毗邻区域中心城市的发展目标。

韩城市计划单列后在经济管理上,陕西省将赋予韩城市与其他设区市同等权力的经济社会管理权限;在财政税收上,推进陕西省与韩城市直接财政管理体制,建立直接的财政资金往来渠道;在行政管理上,韩城市实施副市级建制,并进一步调整完善韩城市的垂直管理体制,其年度目标任务考核由陕西省直接负责。

《陕西省国民经济和社会发展第十三个五年规划纲要》还提出以韩城市为核心的黄河沿岸区域板块。韩城市成为陕西省推动区域协调发展，推进重点板块突破发展的区域发展思路中的重点发展板块之一。韩城市黄河沿岸区域板块的核心，辐射周边的合阳、澄城、宜川、黄龙等区域，该区域面积为 9715 km²，总人口为 $140 \times 10^4$ 人。黄河沿岸区域板块地域范围内资源禀赋相同、人文地缘相近、主体功能相似，以能源化工、现代农业、有色冶金、文化旅游等为主导产业，是陕西省确定的五大区域新增长极之一。

2. 三门峡市

为了强化省际边界地区区域中心城市功能，河南省支持三门峡市建设晋陕豫黄河金三角地区区域中心城市，拟通过提升省际边界地区区域中心城市的交通可达性以及商贸、文化等综合服务功能，强化城市的要素聚集能力，壮大城市发展规模和经济实力，形成区域性经济中心。以打造区域交通枢纽重点，加快跨省快速铁路、高等级公路建设，强化中心城市与周边城市的互联互通。积极发展现代物流和商贸流通业，建设对周边城市具有服务功能的区域物流中心、商品贸易中心。同时，进一步深化与省际毗邻城市在产业布局、基础设施、文化旅游、商贸市场和生态环境保护等领域互动协作，增强在区域合作发展中的核心带动力、辐射力。

3. 运城市

《山西省国民经济和社会发展第十三个五年规划纲要》提出把运城市建设成为晋陕豫黄河金三角在新亚欧大陆桥、丝绸之路经济带上的重要节点，并在省级空间规划中予以落实，即通过城镇组群一体化发展，建设黄河金三角区域中心城市，打造以运城市和临汾市为核心的晋南城镇群。

山西省提出将通过运城市盐湖区、临猗县、夏县的组群化发展，建设成为黄河金三角区域中心城市；通过侯马、新绛、曲沃的组群化发展，建设成为区域综合性交通枢纽和中心城市。《山西省城镇体系规划（2015—2030 年）》提出全力打造"一核一圈三群"城镇化格局，以运城市和临汾市为核心推动晋南城镇群发展。《山西省新型城镇化规划（2015—2020 年)》确定临汾市、运城市所在的晋南城镇群是山西省区域经济发展、省域经济持续增长的重要区域。晋南城镇群以运城市和临汾市等城市为中心，建设沿汾河的百里经济带，带动区域城镇发展。

4. 行政因素分析

在政策层面进行综合分析，晋陕豫黄河金三角区域合作升级为国家战略，为全面激活区域发展活力、潜力，整合利用区域资源要素，实现自身跨越发展提供了重大机遇。韩城市、三门峡市和运城市处于省级发展轴带上（图5-12），均被所在省份定位为三省交界地区区域中心城市，并给予较大力度的支持，具有建设晋陕豫三省交界地区区域中心城市的政策优势。但是这3个城市空间上相互毗邻，极易成为三省间利益博弈和拓展影响力的载体，进而引发恶性竞争，因此在发展过程中应注重建立区域协调机制，实现发展共赢。

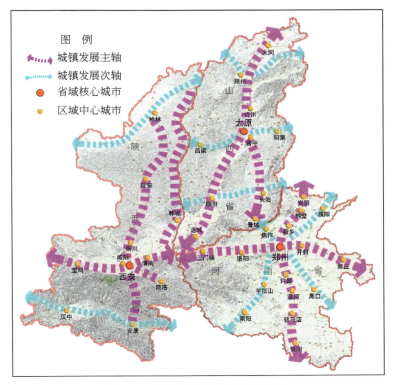

图 5-12　晋陕豫三省城镇发展格局

## 5.3.4　发展条件评价

经济发展和公共服务是区域中心城市的两大核心功能，行政因素则具有主导性作用，而良好的交通条件保障了省际边界地区区域中心城市辐射带动作用的有效发挥。6个潜在区域中心城市在上述方面或多或少存在不足（表5-17）。

表 5-17　晋陕豫三省交界地区区域中心城市建设发展条件综合评价

| 城市 | 经济发展 | | | | | 公共服务 | | | | 交通可达 | 政策支持 |
|---|---|---|---|---|---|---|---|---|---|---|---|
| | 制造 | 现代物流 | 科技服务 | 金融服务 | 信息服务 | 教育 | 医疗 | 文化 | 管理 | | |
| 渭南 | + | - | + | - | + | + | + | - | + | - | - |
| 延安 | - | - | + | + | - | - | + | + | + | - | - |
| 韩城 | + | - | + | - | - | - | - | - | - | - | + |
| 运城 | + | - | - | - | + | + | + | + | - | + | + |
| 临汾 | - | - | - | + | + | + | + | + | + | - | - |
| 三门峡 | - | + | - | - | - | - | - | - | - | - | - |

注: +表示该城市在所对应领域发展条件较好或拥有一定的辐射带动作用; -表示该城市发展水平较差或不具备辐射带动作用。

经济发展职能方面: 6 个潜在区域中心城市的经济辐射带动能力均不突出, 其经济规模均有待增强; 同时, 各城市在现代物流、科技服务、金融服务等领域发展较差, 反映出城市经济发展职能在结构层面存在欠缺。

公共服务职能方面: 区域中没有各项服务功能皆具有很大优势的城市。其中临汾市的公共服务职能相对健全, 渭南市、延安市、运城市次之, 韩城市和三门峡市的公共服务职能则有待全面提升。

交通条件方面: 受自然条件(地形、河流)、行政分割、路网密度等限制, 6 个潜在区域中心城市的交通可达性均相对较差, 各城市的 1h 交通圈覆盖范围较小, 交通便捷性亟待提升。其中运城市、临汾市、三门峡市交通条件相对较好, 渭南市相对较差, 延安市和韩城市的交通联系呈现出带状特征。

政策支持方面: 在国家层面, 提出支持晋陕豫三省交界地区建设区域中心城市, 为区域发展提供宏观利好; 在省级层面, 晋陕豫三省分别确定韩城市、运城市和三门峡市为该省区域中心城市建设的核心, 并提供相应的支持政策, 因此, 上述 3 个城市在宏观层面具有一定的政策优势; 在城市自身层面, 3 个城市之间则存在着一定程度的竞争关系。

# 5.4　区域中心城市的腹地划分

## 5.4.1　城市影响力场强

晋陕豫三省交界地区东西长 460km, 南北宽 440km, 总面积为 $9.5\times10^4 km^2$。

县（市、区）层面对区域影响力场强的计算在 ArcGIS10.2 中进行。主要步骤有：
①利用渔网功能生成 2km×2km 的网格并建立 label 点；②用晋陕豫三省交界地区
的行政边界裁剪网格，得到 23 561 个网格和相应的 label 点；③各 label 点到研究
区域内 60 个县（市、区）的距离采用欧氏距离，计算时运用点距离工具获取。

将 60 个县（市、区）的城市中心性指数及其与各 label 点的距离代入场强模
型的公式中，可以得到每个 label 点接受的分别来自晋陕豫三省交界地区 60 个县
（市、区）的影响力场强大小。研究区域内的每个 label 点均接受所有 60 个县
（市、区）的影响，但总有 1 个县（市、区）对该点的影响是最大的，城市腹地
划分时认为这个产生最大影响的县（市、区）对该 lable 点起主导作用，lable 点
所在的网格即为这个县（市、区）的城市腹地。在 ArcGIS10.2 中，可使用连接
属性表、汇总统计数据工具，按照"取大"原则实现对每个 label 的最大场强值
及其来源的筛选和确定。

## 5.4.2 城市腹地的划分

### 1. 场强的总体空间特征

为了分析研究区域城市影响力场强的空间分异规律，需绘制晋陕豫三省交界
地区区域中心城市引力场强分级图，图 5-13 中场强最高的区域用红色表示，最
弱的区域用蓝色表示。由区域内城市影响力场强分级图可以看出，晋陕豫三省交
界地区县（市、区）各城市影响力场强值分布呈现明显的自东南向西北递减的
空间分异特征。区域内东南部城市影响力的场强影响范围几乎已连片，但仍有城
市影响较弱的孤岛；区域内中部和西北部城市影响力的场强影响范围仅形成以单
个城市为中心的圆形区域，特别是西部城市影响力的场强影响范围很小，尚存在
连片的弱场强影响区域。

### 2. 场强的空间集聚特征

从晋陕豫三省交界地区县（市、区）影响力空间聚集规律上看，在三省交
界地区已经形成了 4 个高场强聚集区（图 5-14），主要集中在研究区域的东南
部，分别为：聚集 A 区（临猗–盐湖–平陆–陕县–湖滨–灵宝–芮城聚集区）、聚
集 B 区（洪洞–尧都–襄汾–翼城–侯马–新绛聚集区）、聚集 C 区（临渭–华县聚
集区）、聚集 D 区（韩城–河津–稷山–万荣聚集区）。

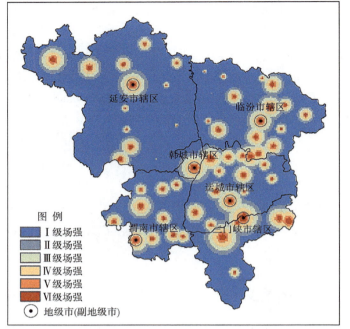

图 5-13　晋陕豫三省交界地区各县（市、区）城市影响力场强分级图

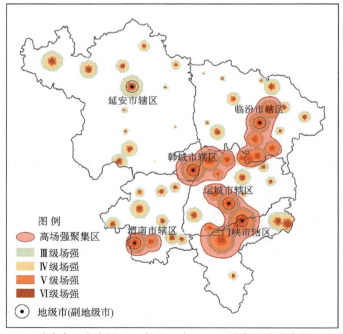

图 5-14　晋陕豫三省交界地区各县（市、区）城市影响力高场强聚集区

**（1）聚集 A 区（临猗-盐湖-平陆-陕县-湖滨-灵宝-芮城聚集区）**

该聚集区内的盐湖区、临猗县、平陆县、芮城县属于运城市行政区划范围，湖滨区、陕县、灵宝市属于三门峡市行政区划范围。三门峡提出运城-三门峡一体化协调发展的思路，加快区域间交通设施互联互通，增强城市吸引力和区域辐射力，建设黄河金三角区域中心城市，带动区域整体发展。

**（2）聚集 B 区（洪洞-尧都-襄汾-翼城-侯马-新绛聚集区）**

该聚集区内新绛县在运城市行政区划范围，尧都区、洪洞县、襄汾县、翼城县、侯马市均在临汾市行政区划范围。该聚集区处于山西省三大城镇群之一的晋南城镇群，以大同-运城铁路、大同-蒲州铁路南段形成的综合通道为主轴，形成以尧都区、侯马市为核心的沿汾河经济带。

**（3）聚集 C 区（临渭-华县聚集区）**

该聚集区内临渭区和华县均在渭南市行政区划范围，华县县城距渭南市区25km，均位于以陇海铁路和连霍高速沿线为横轴的东西向城镇发展主轴线上，是关中平原城市群东部重要的城市。该聚集区传统产业为有色冶金工业、化工工业、能源工业、装备制造业、食品工业、建材工业等，并逐渐形成清洁能源化工、先进装备制造、绿色冶金建材、新能源汽车、3D 打印和光电产业等新型产业集群。

**（4）聚集 D 区（韩城-河津-稷山-万荣聚集区）**

河津市是运城市管辖的县级市，与韩城市隔黄河相望。两地产业类型相似，金属冶炼、煤焦化、电力产业的规模在区域内的优势较为突出。但两地也各有优势，韩城市的钢铁冶炼业较为发达，河津市的铝业较为发达，两地均围绕煤炭资源建立了采选、炼焦和火力发电等产业部门。除此之外，两地在交通设施、城市基础设施共建、医疗卫生等公共服务共享等方面也已经开展协作。

晋陕豫三省交界地区形成的 4 个高场强聚集区中，聚集 A 区、聚集 D 区对三省交界地区区域发展的带动在空间上表现得更为直接，聚集 B 区、聚集 C 区的空间范围没有跨省，并且距离省际行政区边界尚有一定距离，故对省际边界地区的带动在空间上相对间接。

高场强聚集区中，除聚集 D 区之外，其他聚集区均包含至少 1 个地级市市辖区。这表明区域内高等级的城市往往具有更大的辐射和聚集效应，从而能够成为带动区域发展的增长极。行政级别相对较高的城市，往往也是区域内的区域中心城市或者潜在区域中心城市。

3. 基于场强的现状腹地划分

晋陕豫三省交界地区每个空间位置均接受到来自 60 个县（市、区）的辐射，某个空间位置上接受哪个县（市、区）的影响力最大，则该空间位置就属于这个影响力最大城市的腹地范围。

在 ArcGIS10.2 中按照各网格的归属做出独立值专题地图，即可显示每个县（市、区）的腹地范围（图 5-15），其面积可通过属性查询方式统计获取。图 5-15 中各城市周边的彩色区域代表其腹地范围，相邻的腹地范围用不同的颜色加以区分，两两颜色之间的分界线就是城市腹地范围的分界线。城市腹地的大小取决于城市自身中心性的强弱，也受其周边城市中心性的影响。某个城市中心性相比于周边城市越强，其腹地越大，反之亦然。晋陕豫黄河金三角区域各县（市、区）城市腹地范围差距明显，腹地最大的宝塔区拥有 9573km$^2$ 的腹地范围，而最小的黄龙县仅有 8km$^2$ 的腹地范围（表 5-18）。

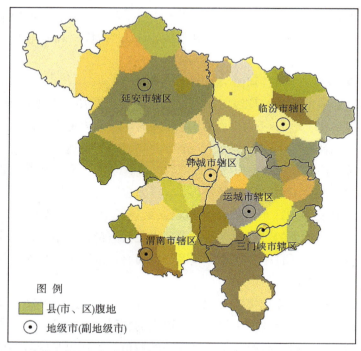

图 5-15　晋陕豫三省交界地区各县（市、区）城市腹地与行政区范围对比

**表 5-18  晋陕豫三省交界地区各县（市、区）城市腹地面积与行政区面积**

| 县<br>（市、区） | 行政区<br>面积/km² | 腹地<br>面积/km² | 腹地面积占<br>行政区面积<br>的比例/% | 县<br>（市、区） | 行政区<br>面积/km² | 腹地<br>面积/km² | 腹地面积占<br>行政区面积<br>的比例/% |
|---|---|---|---|---|---|---|---|
| 湖滨区 | 185 | 2976 | 1609 | 襄汾县 | 1028 | 923 | 90 |
| 义马市 | 112 | 1527 | 1363 | 白水县 | 960 | 838 | 87 |
| 侯马市 | 221 | 871 | 394 | 渑池县 | 1421 | 1114 | 78 |
| 韩城市 | 1621 | 5467 | 337 | 华县 | 1139 | 891 | 78 |
| 宝塔区 | 3556 | 9573 | 269 | 古县 | 1191 | 919 | 77 |
| 河津市 | 593 | 1502 | 253 | 临猗县 | 1339 | 960 | 72 |
| 霍州市 | 764 | 1851 | 242 | 垣曲县 | 1620 | 1126 | 69 |
| 蒲县 | 1509 | 3539 | 235 | 富平县 | 1243 | 850 | 68 |
| 洛川县 | 1792 | 4009 | 224 | 浮山县 | 938 | 595 | 63 |
| 灵宝市 | 3011 | 5439 | 181 | 大荔县 | 1776 | 1085 | 61 |
| 永济市 | 1208 | 1956 | 162 | 安塞县 | 2949 | 1745 | 59 |
| 乡宁县 | 2025 | 3268 | 161 | 隰县 | 1413 | 790 | 56 |
| 黄陵县 | 2287 | 3576 | 156 | 新绛县 | 593 | 308 | 52 |
| 蒲城县 | 1584 | 2207 | 139 | 绛县 | 994 | 466 | 47 |
| 尧都区 | 1316 | 1778 | 135 | 合阳县 | 1437 | 660 | 46 |
| 翼城县 | 1149 | 1547 | 135 | 万荣县 | 1082 | 417 | 39 |
| 临渭区 | 1221 | 1555 | 127 | 芮城县 | 1178 | 454 | 39 |
| 潼关县 | 526 | 652 | 124 | 卢氏县 | 4004 | 1523 | 38 |
| 吴起县 | 3789 | 4685 | 124 | 永和县 | 1213 | 445 | 37 |
| 盐湖区 | 1212 | 1446 | 119 | 汾西县 | 875 | 215 | 25 |
| 志丹县 | 3794 | 4370 | 115 | 夏县 | 1351 | 267 | 20 |
| 闻喜县 | 1167 | 1316 | 113 | 甘泉县 | 2272 | 425 | 19 |
| 澄城县 | 1121 | 1259 | 112 | 延长县 | 2368 | 441 | 19 |
| 稷山县 | 686 | 761 | 111 | 吉县 | 1780 | 259 | 15 |
| 子长县 | 2396 | 2657 | 111 | 陕县 | 1763 | 247 | 14 |
| 华阴市 | 817 | 891 | 109 | 富县 | 4180 | 458 | 11 |
| 安泽县 | 1959 | 2086 | 106 | 宜川县 | 2937 | 316 | 11 |
| 曲沃县 | 437 | 458 | 105 | 大宁县 | 963 | 16 | 2 |
| 延川县 | 1934 | 2017 | 104 | 平陆县 | 1174 | 16 | 1 |
| 洪洞县 | 1494 | 1397 | 94 | 黄龙县 | 2746 | 8 | 0.3 |

城市腹地间的空间相互作用关系可概括为并存、包含、半包含和竞争4种关系类型（王德和程国辉，2006）。例如，大荔县、华阴市、永济市之间为并存关系；宝塔区与甘泉县之间、乡宁县与吉县之间是包含关系；宝塔区与延长县之间、洛川县与富县之间是半包含关系；竞争关系体现在诸如盐湖区、平陆县和闻喜县与夏县之间等。

通过对城市腹地面积与行政区面积进行的叠加分析，可以看出各城市的腹地面积与行政区面积的吻合度较差，一方面与城市的中心性强度有关，另一方面与城市在其行政区面积内的位置有关，当城市位于其行政区的边缘时吻合度最差。通过计算城市腹地面积与行政区面积的比值，可进一步从定量角度分析城市腹地与行政区的数量关系。利用城市腹地面积与行政区面积的比值，将晋陕豫三省交界地区城市划分为城市腹地面积远大于行政区面积、城市腹地面积与行政区面积基本吻合、城市腹地面积远小于行政区面积三种类型，划分标准为：城市腹地面积远大于行政区面积（城市腹地面积与行政区面积的比值≥1.3），城市腹地面积与行政区面积基本吻合（1.3>城市腹地面积与行政区面积的比值≥0.7），城市腹地面积远小于行政区面积（城市腹地与行政区面积的比值<0.7）（表5-19）。

表5-19　晋陕豫三省交界地区各县（市、区）按城市腹地面积
与行政区面积的比值分类　　　　　（单位：个）

| 类型 | 数量 | 县（市、区） |
|---|---|---|
| 城市腹地面积远大于行政区面积 | 16 | 湖滨区、义马市、侯马市、韩城市、宝塔区、河津市、霍州市、蒲县、洛川县、灵宝市、永济市、乡宁县、黄陵县、蒲城县、尧都区、翼城县 |
| 城市腹地面积与行政区面积基本吻合 | 20 | 临渭区、吴起县、潼关县、盐湖区、志丹县、闻喜县、澄城县、子长县、稷山县、华阴市、安泽县、曲沃县、延川县、洪洞县、襄汾县、白水县、渑池县、华县、古县、临猗县 |
| 城市腹地面积远小于行政区面积 | 24 | 垣曲县、富平县、浮山县、大荔县、安塞县、隰县、新绛县、绛县、合阳县、芮城县、万荣县、卢氏县、永和县、汾西县、夏县、延长县、甘泉县、吉县、陕县、富县、宜川县、大宁县、平陆县、黄龙县 |

晋陕豫三省交界地区城市腹地面积远大于行政区面积的有16个，占城市总数的27%，其中湖滨区的城市腹地与行政区面积的比值最大，为16.09；城市腹地面积与行政区面积基本吻合的有20个，占城市总数的33%；城市腹地面积远

小于行政区面积的有 24 个，占城市总数的 40%，其中黄龙县城市腹地面积与行政区面积的比值最小，为 0.003。

4. 基于场强的潜在区域中心城市腹地划分

晋陕豫三省交界地区 6 个潜在区域中心城市的影响力在空间上的关系，可以通过划分 6 个潜在区域中心城市的影响力理论腹地来进行分析，划分的方法步骤与前文划分现状腹地时相同。

延安市、临汾市、运城市、渭南市的城市腹地范围小于其行政区范围，而三门峡市、韩城市的城市腹地范围大于其行政区范围。从城市腹地的空间竞争关系来说，延安市与韩城市、临汾市之间是并存关系；渭南市与韩城市、三门峡市之间也是并存关系；三门峡市与运城市之间形成了半包含关系，与临汾市之间形成并存关系；韩城市与周边城市之间均呈现并存关系（图 5-16）。

图 5-16 晋陕豫三省交界地区潜在区域中心城市理论腹地范围

交通可达性是区域中心城市发挥辐射带动作用的重要影响因素。城市与区域之间交通的通达度高，到区域内的可达性好，则其辐射带动的空间范围更广。反之，如果城市与区域的通达度低，城市影响力发挥就有可能掣肘于城市的可达性，使其实际的城市影响力腹地范围缩小。

为了进一步论证晋陕豫三省交界地区城市可达性对城市影响范围的影响，将潜在区域中心城市影响力理论腹地与交通条件分析得到的晋陕豫三省交界地区潜在区域中心城市可达性腹地（图5-11）在 ArcGIS10.2 中进行叠加分析，得到可达性修正后的潜在区域中心城市腹地范围（图5-17）。

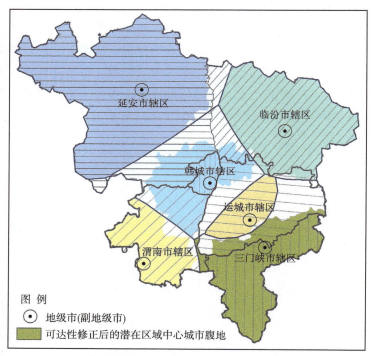

图5-17　晋陕豫三省交界地区潜在区域中心可达性修正后的城市腹地范围

从图5-17中可以看出，部分城市交通可达性腹地范围小于城市影响力理论腹地范围，其理论腹地范围的一部分区域并不具备到该城市可达性上的优势。例如，经可达性修正后，韩城市与延安市之间存在空白区域，这部分空白区域在理论腹地图中属于韩城市的城市影响范围之内，但这部分空白区域到延安市的可达性优于到韩城市，所以暂不能作为韩城市的城市影响力腹地。这样的空白区域在三省交界地区两两城市之间均有存在。

在晋陕豫三省交界地区区域中心城市的建设中，该类空白区域是城市应积极争取的潜在腹地。若空白区域的成因是可达性腹地小于城市影响力理论腹地，则该城市应通过交通设施优化布局，提升到空白区域的可达性来实现城市影响力腹地的扩大。若空白区域的成因是城市影响力理论腹地小于可达性腹地，则该城市应通过提升城市的中心性来实现城市影响力腹地的扩大。

# 5.5 小　结

1）建立省际边界地区区域中心城市城市功能综合评价—发展条件系统分析—城市影响范围分析的选择及评价模式，通过定性、定量、空间相结合的多维度分析手段遴选出晋陕豫三省潜在区域中心城市，并分析遴选城市在区域城市竞争中的优势与不足，作为省际边界地区区域中心城市发展路径确定的依据。

2）通过城市中心性测度省际边界地区区域中心城市的综合发展水平。构建包含城市综合规模、产业结构、基础设施、公共服务等 4 个方面 15 个具体指标的评价指标体系。运用因子分析提取出经济实力、支撑保障、投资能力和产业结构 4 个晋陕豫三省交界地区城市中心性公共因子。选择中心性排名靠前的 10 个城市作为潜在区域中心城市的备选，在此基础上，综合考虑城市职能、城市所处的地理区位以及行政等级等因素的影响，最终确定晋陕豫三省交界地区潜在区域中心城市为渭南市、延安市、韩城市、运城市、临汾市和三门峡市 6 个城市。

3）运用城市流强度、交通可达性等方法评价潜在区域中心城市的发展条件。分析结果表明：在经济发展职能方面，6 个潜在区域中心城市的经济辐射带动能力均不突出，其经济规模均有待进一步加强，各城市在现代物流、科技服务、金融服务等领域普遍发展滞后；在公共服务职能方面，潜在区域中心城市的各项服务功能均不突出，临汾市的公共服务职能相对健全，渭南市、延安市、运城市次之，韩城市和三门峡市的公共服务职能则有待全面提升；在交通条件方面，6 个潜在区域中心城市的交通可达性均有待提高，运城市、临汾市、三门峡市交通条件相对较好，韩城市、延安市和渭南市相对较差；在政策支持方面，韩城市、运城市和三门峡市在国家及省级层面具有一定的政策优势。

4）采用场强模型分析研究区域各城市现状腹地和 6 个潜在区域中心城市影响腹地范围。延安市、临汾市、运城市、渭南市的城市腹地范围小于其行政区范围，而三门峡市、韩城市的城市影响力腹地范围大于其行政区范围。交通可达性修正后的城市影响力腹地范围结果显示，除运城市外，其他 5 个潜在区域中心城市的影响力腹地范围均有所缩小，意味着该类城市在开展区域中心城市建设的过程中，应加大以交通为代表的基础设施的建设力度。

# 第6章  省际边界地区区域中心城市的发展路径

韩城市区位优越，历史文化积淀深厚，作为陕西省唯一的计划单列城市，具有发展成为晋陕豫三省交界地区区域中心城市的条件。但通过与区域其他潜在区域中心城市的发展条件进行比较，发现韩城市目前的经济规模较低，物流、金融、信息、科技等高等级服务职能不完善，综合性教育、医疗、文化、管理等公共服务职能欠缺，且中心城区与城市辐射影响区域间的交通可达性较差，尚不具备完整的区域中心城市职能，区域带动能力弱。韩城市必须通过经济转型升级发展，不断完善城市基本职能、提高支撑保障能力，以进一步提升中心城区对辐射影响区域的综合服务水平，增强区域的辐射带动能力。

## 6.1  韩城市建设省际边界地区区域中心城市的有利条件

韩城市是晋陕豫三省交界地区潜在区域中心城市中唯一的副地级城市，是陕西省唯一计划单列市，位于关中平原东北隅，晋陕黄河西岸。地处关中平原与黄土高原的过渡地带，地形地貌条件复杂（韩城市境内地势整体上呈西北高，东南低，其中西部深山多为海拔900m以上梁状山岭）；位于渭北煤田核心区，煤炭及煤层气储量丰富；位居黄河沿岸，水资源丰沛；城市历史悠久、文化杂糅，拥有丰富的历史文化遗迹；多条区域性干线从境内通过，区位条件优越；城市依托良好的资源组合条件，已形成煤化工–钢铁–电力–建材为重点的产业体系。

### 6.1.1  资源组合优越

韩城市在晋陕豫三省交界地区中资源组合条件相对较好，煤炭、铁矿石、石灰石等矿产资源储量较大。其中累计探明的煤炭资源储量为 $27.7 \times 10^8 t$，储量占渭北煤田的35.5%（表6-1和图6-1），铁矿石探明储量为 $3014 \times 10^4 t$，水资源可利用

量高达 $3.6 \times 10^8 \, m^3$。煤层气开发潜力巨大，预测煤层气资源总量为 $2080 \times 10^8 \, m^3$，其中可开采品位的资源储量为 $1908 \times 10^8 \, m^3$，是规模较大的浅源气田。煤炭、铁矿石、石灰石、煤层气等矿产资源与水资源的组合，为韩城市发展钢铁、电力、煤化工等产业奠定了良好的资源基础（唐楠，2015）。

表 6-1　韩城市及周边城市煤炭、水资源对比

| 县（市、区） | 水资源 | | 煤炭资源 | | 水资源可利用总量/煤炭探明储量×煤炭比例×水资源比例 |
|---|---|---|---|---|---|
| | 可利用总量/$10^8 \, m^3$ | 占关中地区比例/% | 探明储量/$10^8 \, t$ | 占关中地区比例/% | |
| 韩城 | 3.6 | 4.39 | 27.7 | 12.13 | 6.92 |
| 铜川 | 2.3 | 2.80 | 7.4 | 3.24 | 2.82 |
| 蒲城 | 2.0 | 2.44 | 3.0 | 1.31 | 2.14 |
| 澄城 | 1.7 | 2.07 | 40.0 | 17.51 | 1.54 |
| 合阳 | 1.2 | 1.46 | 13.0 | 5.69 | 0.77 |
| 白水 | 0.5 | 0.61 | 5.9 | 2.58 | 0.13 |

## 6.1.2　经济体量较大

韩城市与晋陕豫三省交界地区其他城市均以能化产业为重点，产业结构均呈现第一产业相对落后、第二产业超常发展、第三产业相对滞后的特征，韩城市在晋陕豫三省交界地区国内生产总值排名靠前，但以能化工业为主导的产业体系亟待转型升级。韩城市的经济规模长期位于晋陕豫三省交界地区 60 个县（市、区）前列。2015 年韩城市的国内生产总值排名第二，公共财政收入排名区域第一，均超过了区域内其他 5 个市辖区（表 6-2、图 6-1 和图 6-2）。

表 6-2　韩城市与晋陕豫三省交界地区其他地级市市辖区的国内生产总值对比

| 县（市、区） | 生产总值/$10^4$ 元 | 排名 |
|---|---|---|
| 韩城市 | 2 815 294 | 2 |
| 渭南市临渭区 | 2 737 430 | 3 |
| 临汾市尧都区 | 2 430 223 | 5 |
| 延安市宝塔区 | 2 165 700 | 6 |
| 运城市盐湖区 | 1 813 167 | 10 |
| 三门峡市湖滨区 | 1 547 888 | 14 |

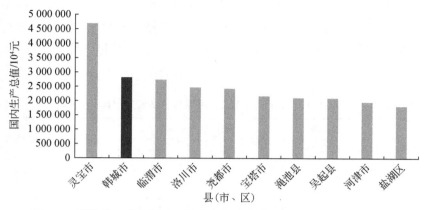

图 6-1    晋陕豫三省交界地区国内生产总值排名前 10 名县（市、区）

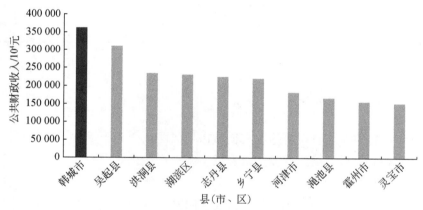

图 6-2    晋陕豫三省交界地区公共财政收入排名前 10 名县（市、区）

## 6.1.3    文化资源丰富

### 1. 历史文化遗存众多

韩城市历史悠久、地脉独特、文脉显著，拥有丰富的历史文化景观和黄河及黄土塬区自然景观。作为国务院命名的第二批国家历史文化名城，市域范围文物古迹众多，截至 2015 年公布为各级重点文物保护单位的有 219 处，其中全国重点文物保护单位 11 处，陕西省重点文物保护单位 21 处。代表性历史文化遗产有司马迁祠和墓、魏长城、大禹庙、文庙、城隍庙、党家村古民居建筑群、普照寺、玉皇后土庙、北营庙、法王庙、梁带村遗址等（表6-3）。

表6-3　韩城市省级以上重点文物保护单位

| 名称 | 级别 | 公布批次 | 位置 |
|---|---|---|---|
| 司马迁祠和墓（西汉至宋） | 国家级 | 第二批 | 芝川镇 |
| 魏长城遗址（战国） | 国家级 | 第四批 | 龙亭镇 |
| 韩城大禹庙（元） | 国家级 | 第四批 | 金城街道周原村 |
| 韩城文庙（明） | 国家级 | 第五批 | 金城街道学习东巷 |
| 韩城城隍庙（明） | 国家级 | 第五批 | 金城街道隍庙巷 |
| 党家村古民居建筑群（明、清） | 国家级 | 第五批 | 西庄镇党家村 |
| 韩城普照寺（元） | 国家级 | 第五批 | 昝村镇 |
| 玉皇后土庙（明至清） | 国家级 | 第六批 | 龙门镇西原村 |
| 北营庙（元） | 国家级 | 第六批 | 金城街道金城大街 |
| 法王庙（宋至清） | 国家级 | 第六批 | 西庄镇 |
| 梁带村遗址（周） | 国家级 | 第六批 | 昝村镇梁带村 |
| 紫云观三清殿（元） | 省级 | 第二批 | 昝村镇 |
| 关帝庙正殿（元） | 省级 | 第二批 | 金城街道孝义村 |
| 挟荔宫遗址（汉） | 省级 | 第四批 | 芝川镇 |
| 韩城九郎庙（元至清） | 省级 | 第四批 | 金城街道金城大街 |
| 弥陀寺（元至清） | 省级 | 第四批 | 西庄镇寺庄村 |
| 东营庙（明） | 省级 | 第四批 | 金城街道隍庙巷 |
| 庆善寺（清） | 省级 | 第四批 | 金城街道金城大街 |
| 毓秀桥（清） | 省级 | 第四批 | 金城街道南关 |
| 三义墓 | 省级 | 第五批 | 芝川镇堡安村 |
| 柳枝关帝庙 | 省级 | 第五批 | 西庄镇柳枝村 |
| 吉灿升故居 | 省级 | 第五批 | 金城街道箔子巷 |
| 韩城苏家民居 | 省级 | 第五批 | 金城街道西环路 |
| 韩城高家祠堂 | 省级 | 第五批 | 金城街道北营庙巷 |
| 韩城解家民居 | 省级 | 第五批 | 金城街道箔子巷 |
| 韩城古街房10号 | 省级 | 第五批 | 金城街道金城大街 |
| 永丰昌（酱园）旧址 | 省级 | 第五批 | 金城街道金城大街 |
| 韩城郭家民居 | 省级 | 第五批 | 金城街道金城大街 |
| 八路军东渡黄河出师抗日纪念地 | 省级 | 第五批 | 芝川镇 |
| 赳赳寨塔 | 省级 | 第六批 | 金城街道金城大街 |
| 韩城县衙大堂 | 省级 | 第六批 | 金城区书院街 |
| 梁带村禹王庙正殿 | 省级 | 第六批 | 昝村镇梁带村 |

### 2. 历史文化渊源深厚

韩城历史悠久,先秦地理书籍《尚书·禹贡》一书中对韩城就有"龙门,禹贡雍州之域"的描述,夏禹"导河积石,至于龙门",史书上以"龙门"作为韩城地域的代称。在几千余年的城市发展中,韩城的地域范围、隶属关系随着各朝行政管辖制度不同而发生数次变革。在不同历史时期,韩城与周边地区分而合之、合而又分,从属关系数次更迭,历史渊源深厚。

韩城与其相邻的合阳、澄城、黄龙和宜川等城市在历史上的联系尤为密切。以合阳为例,现韩城地域在春秋战国时期是秦魏相争之地,原属魏,称少梁;秦从魏取少梁后更名为夏阳;东汉时期,郃阳并入夏阳;南北朝时期,北魏属华州华山郡,西魏属同州武乡郡,北周夏阳并入郃阳;隋代夏阳自郃阳分出,重新设县,以古韩国改名韩城;唐高祖武德元年改属西韩州、八年州治迁韩城,领韩城、郃阳①、河西三县,太宗贞观八年废州,肃宗乾元元年改韩城为夏阳、隶属于河中府,昭宣帝天成二年更名韩原县;北宋时隶属于冯翊郡;金时韩城、郃阳两县同属于祯州;元代韩城、郃阳改属同州;明、清时期韩城、郃阳仍同属同州;民国时期,韩城与郃阳先后同属陕西省关中道、直属省辖、第八行政督察区;中华人民共和国成立前后,韩城与郃阳先后隶属于陕甘宁边区政府黄龙分区、大荔分区;1950年同归属陕西省渭南分区;1956年韩城与郃阳直属省辖;1959年初,郃阳县并入韩城县;1961年8月恢复郃阳县,韩城与郃阳同隶属于渭南专区,后来渭南专区改为渭南地区、渭南市。

## 6.1.4 交通基础良好

### 1. 宏观区位条件优越

韩城市地处晋陕豫黄河金三角区域,是关中东北部的门户城市,是关中地区乃至西北地区与华北联系的重要交通节点。京昆高速(G5)、国道108线(G108)等干线公路,西安—韩城—侯马铁路、黄陵—韩城—侯马铁路②等干线铁路从韩城境内通过。随着黄陵—韩城—侯马复线电气化铁路的建成通车,向西

---

① 1964年国务院更改生僻地名,将郃阳写为合阳。
② 西安–韩城–侯马铁路和黄陵–韩城–侯马铁路在富平县张桥镇汇合,自张桥向东至侯马并线。

将与陇海铁路连接，向东经侯月铁路①可直达山东日照口岸，成为与陇海线平行的另一条西煤东运的铁路运输大动脉，韩城在亚欧大陆桥铁路运输通道上的重要性将得以提升（图6-3）。

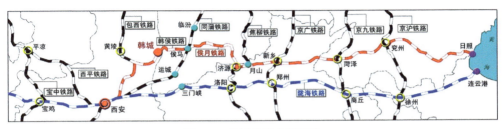

图6-3 韩城铁路交通区位

## 2. 人员物资交流密切

根据国道108线韩城段城区过境及北线一级公路改建工程可行性研究开展的韩城公路交通量OD调查（即交通起止点调查）。韩城日均交通量为33 744PCU（标准车），其中市域内部交通量为12 072PCU、市域以外为12 913PCU、过境交通量为8759PCU，分别占总交通量的36%、38%、26%。在市域以外交通流量中韩城—合阳方向的公路联系交通量最大，日均为5248PCU，占韩城对外联系总交通量的41%。韩城的过境交通量中主要是跨省交通流量，合阳—韩城—河津方向日均交通量为5460PCU，占过境交通总量的62.3%，其次为黄龙—韩城—河津方向，日均交通量为128PCU，占韩城过境总交通量的24%。

从韩城市公路交通市域以外交通流量和过境交通流量调查数据可以看出，韩城市与合阳县之间的交通联系最为紧密，一定程度上说明了韩城市、合阳县在经济社会发展中的关系颇为密切，两地之间才会产生大量的人际交流、货物流通量。

当然，韩城市与省内周边县市的紧密联系不仅仅体现在上述领域，在其他诸如农业、工业、金融、旅游、文化、教育、医疗卫生等经济社会的各领域时时刻刻都会产生人员、物资、资金、技术、信息等流通。韩城市只有通过与周边县（市、区）紧密合作、发挥各自优势，才能促进区域整体的发展，成为陕西关中东北部的区域新增长极和承接我国中西部两大经济板块的门户。

---

① 侯月铁路，自山西侯马至河南月山，全长252km，于1994年建成通车，是晋煤外运的南通路之一。侯月铁路向东可达山东日照港，缩短西北与山东出海口的运距，是与陇海铁路平行的一条铁路干线。

# 6.2 韩城市建设省际边界地区区域
## 中心城市的现实困境

## 6.2.1 经济结构有待深入调整

韩城市现状经济以焦化、冶金、电力、建材、煤炭五大产业为主导，受宏观经济形势影响，现有以资源型工业带动城市经济增长的模式已显疲态[1]。特别是在当前资源型产品普遍产能过剩，企业经营困难[2]，绿色低碳又成为发展潮流的背景下，实现发展的转型就成了韩城市持续发展的必然路径。

### 1. 农业

韩城市农业发展面临的机遇和挑战。韩城市面临耕地资源有限、农业生产成本上升、农产品利润空间缩减，农业从业人口数量规模减小，农业兼业化、副业化，农业科技创新推广与实际需求匹配度不高等挑战。

### 2. 工业

新常态下韩城市工业发展的困境，在资源同构性较强的区域内具有典型性。新常态背景下，资源型城市面临的不仅仅是资源枯竭的困境，更多的是需要面对国际与国内经济大背景造成的资源依赖较强、区域竞争加剧、生产能力过剩、生态环境恶化等相互交织、错综复杂的系列矛盾。

晋陕豫三省交界区有煤炭开采和洗选业企业近千家，黑色金属冶炼及压延加工业企业百余家，化学原料及化学制品制造业企业近百家，电力、热力的生产和供应业企业50余家，非金属矿物制品业企业200余家（杨吾杨，1986）。韩城市所处的晋陕豫三省交界地区同属煤炭产区，煤电转化、煤化工、建材、冶金等产

---

① 2014年韩城市第一、第二、第三产业比例为4.6∶78.0∶17.4，第二产业的增长决定了韩城市总体经济的增长；2014年韩城市GDP增幅11.2%，其中第二产业增幅为12.2%，远低于2011年20.6%的GDP增幅和25.3%的第二产业增幅。
② 随着国际能源价格的持续走低和宏观经济发展局势的变动，韩城市企业尤其是与资源相关部门的企业亏损现象严重，亏损的规模以上企业由2011年的13家增长至2014年的36家，亏损总额由3165.2×$10^4$元上升至5.65×$10^8$元。

业竞争压力大，同类企业产品的差异性和技术装备差别并不明显，产业结构和产品同质化现象非常严重。产业同构削弱了韩城城市经济的竞争力，加之在市场需求减少且产能过剩的背景下，韩城的传统产业结构升级、传统企业二次创业已迫在眉睫。

随着全国经济下行压力的持续加大，韩城市的工业都面临着产能过剩的局面。韩城市的工业产值总体规模虽然大，但是工业产品由于加工水平低，对资源的依赖性很强，韩城市工业产值占 GDP 的 75% 左右，工业产品还是以初级产品为主，市场竞争力弱，资源价值没有得到充分利用，资源优势远没被转化为商品经济优势，多年来一直是资源型和粗放型的发展模式。以钢铁为例，陕西省70%的钢铁产能集中在韩城市，产品以螺纹钢、线材等建筑用材为主，缺乏技术含量高的特种钢材、板材、型材，钢铁产业提档升级还有很大的发展空间。产业结构特点使韩城市的能源消耗主要集中在第二产业，其中钢铁、电力、焦炭三大行业能源消耗占比达90%，单位 GDP 能耗远高于区域平均水平。

3. 现代服务业

韩城市现代服务业存在的问题。韩城市第一、第二、第三产业比例为4.6：78.0：17.4，第三产业所占比例偏小。这是由于韩城市的旅游产业尚未形成规模，丰富的历史文化资源和独具特色的自然资源未实现价值转化。三次产业结构与 2010 年相比，第三产业所占比例略有下降，现代服务业发展增速滞后于工业发展增速，侧面反映了工业经济的配套和延伸服务功能发展滞后，城市经济转型发展的效果不佳。

## 6.2.2　区域内交通可达性不高

韩城市作为省际边界地区区域中心城市，一方面其交通可达性水平应在区域内具有优势，形成便捷的对外交通；另一方面区域中心城市交通设施的布局应相对均衡，有较高的路网密度，能够形成高效的内部交通网络。

1. 韩城市在区域中的交通可达性

以韩城市为出发点，绘制可达性扩散图，并划定 1h、2h、3h 交通圈（图6-4）。各级别交通圈的面积大小和对晋陕豫三省交界地区的覆盖率可以表征韩城市可达性的强弱。

根据 5.3.2 节可达性计算结果，韩城市的 1h 交通圈覆盖率仅为 1.8%，说明韩城市与周边城市的交通联系便捷度有待提升；韩城市的 2h 交通圈覆盖率仅为 20.25%，说明韩城市与晋陕豫三省交界地区大部分城市的通勤时间在 2h 以上，反映出韩城市与区域城市联系的交通成本较高；韩城市的 3h 交通圈覆盖率为 50.05%，说明区域内各城市之间的交通可达性均较差，晋陕豫三省交界区域未形成较为通达便捷的交通网络，即交通因素是制约韩城市和整个区域提高经济、社会等联系重要短板。

韩城市的交通可达性扩散图显示（图 6-4），韩城市的 1h 交通圈形态以"南—北"走向沿京昆高速呈带状分布，说明因受到西部山体和东部黄河的影响，韩城与"东—西"方向的交通联系很差，缺乏高等级道路，且道路网密度较低。因此，提升交通可达性，应加强韩城市与东、西方向的交通联系，采取建设高等级道路，增加路网密度等措施，提高韩城市的 1h 交通圈的覆盖范围。与此同时，应向西北部建设高等级道路，以降低韩城市与延安市宜川县、宝塔区的交通成本。

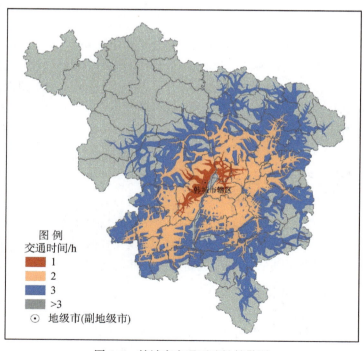

图 6-4　韩城市交通可达性扩散图

2. 韩城市市域交通联系水平

基于 5.3.2 节晋陕豫三省交界地区区域中心城市可达性指数标准差的计算结果，韩城市可达性指数标准差数值为 22.49，高于三省交界地区可达性指数平均值（18.24），也高于其他潜在区域中心城市可达性指数标准差数值，表明韩城市市域内交通设施布局不均衡。韩城市境内西部山区的人口分布稀少，降低了市域交通的需求，形成了韩城市市域内交通设施布局"东密西疏"的不均衡格局，在一定程度上阻碍了其与北部宜川县、西部黄龙县的交通联系。交通设施建设布局应考虑加强西部区域的路网密度，进一步提高市域内部交通效率。

综上，交通通达度差是影响韩城市建设晋陕豫三省交界地区区域中心城市的重要短板之一。在拥有良好的区位条件和人员、物资流动诉求的前提下，通过增加高等级道路建设，完善韩城市与周边城市的交通联系，提高市域西部路网密度，以适应潜在的交通需求。

## 6.2.3 综合服务职能有待提升

1. 高等级服务职能有所欠缺

韩城市金融、会展、物流、中介等高等级的生产性服务业发展滞后，尚不能达到省际边界地区区域中心城市应具备的职能要求。高等级服务职能的缺乏，一方面制约韩城市资源型产业的转型，另一方面使韩城市尚无法完全发挥省际边界地区区域中心城市的区域服务职能。

2. 公共服务职能有待完善

韩城市作为区域中心城市来说，高等级综合性科教、文化、医疗卫生等公共服务职能尚不完善，与晋陕豫三省交界地区其他潜在区域中心城市相比，韩城市缺乏高等院校和高等级医院，吸纳区域人口和辐射带动区域发展的高等级教育和医疗卫生服务职能欠缺。文化服务功能则未彰显城市悠久的历史文化积淀。作为极具外部性的公共品，教育、医疗卫生和文化在提高区域劳动力综合素养、技能水平、身体和文化素质，进而提高城市竞争力的作用尚未发挥（表 6-4）。

表 6-4    2015 年韩城市同周边城市高等级服务职能对比    （单位：所）

| 服务设施 | 渭南市 | 韩城市 | 运城市 | 三门峡市 |
|---|---|---|---|---|
| 高等院校 | 3 | 0 | 3 | 3 |
| 高等级医院 | 0 | 0 | 2 | 2 |
| 市级文化馆 | 1 | 1 | 2 | 2 |

**（1）教育服务**

韩城市教育存在基础教育水平较低、职业教育体系不健全和高等教育匮乏的问题。韩城市现有教育服务以普通基础教育为主体，职业教育比例较小，高等教育尚未建立[①]，示范效应乃至辐射带动效应尚未发挥。建设区域中心城市缺少高端人才的培养平台，不利于城市科技创新竞争力的提升，无法实现区域中心城市对区域的高层次教育服务功能。

**（2）医疗卫生服务**

2015 年，韩城市医疗卫生机构数量少、规模小，服务水平有限，缺乏高等级综合医院。韩城市城区主要设有各级各类医疗单位 19 所。其中市直医疗卫生机构 9 所，社区卫生服务中心 5 所、厂矿医院 4 所，另有民营医院 12 所，普遍存在业务用房面积小，科室设置不齐全等问题，缺乏三级以上的高等级医院。

**（3）文化服务**

韩城市文化服务建设未形成体系，城市悠久的历史文化积淀有待进一步彰显。韩城市作为国家历史文化名城，拥有众多的历史文化遗存，是相对于其他潜在区域中心城市最大的特色。目前，韩城市仅建成市级博物馆 1 座（司马迁史记博物馆），文化馆、美术馆和图书馆的规模过小，古城保护力度有限，城市非物质文化遗产保护有待加强，城市历史与文化特色在城市风貌与环境中未得到有机展现。

## 6.2.4    生态环境亟待深入治理

资源同构性使韩城市及其他潜在区域中心城市均面临矿产开采、依托矿产加工建立的工业体系以及传统资源工业粗放经营的经济增长模式所带来的环境污染和生态破坏等问题。与此同时，晋陕豫三省交界地区潜在区域中心城市均地处黄

---

① 2015 年，韩城市共有中小学校 73 所，其中教师进修学校 1 所、普通高中 5 所、职业中专 1 所、初中 19 所（含九年制学校 9 所）、小学 35 所，教学点 12 个；有幼儿园 83 所，其中公办 20 所，民办 63 所；有成人文化技术学校 12 所、学生综合实践基地 2 所、特殊教育学校 1 所。

河沿岸，生态环境的恶化将进一步影响黄河中下游区域的用水安全。韩城市工业"四废"① 排放量大，机动车尾气污染严重②，"四项总量控制指标"排放均占渭南市的 1/3 左右③。全市万元 GDP 能耗为 3.468tce，远高于区域其他潜在区域中心城市（表6-5），社会总能耗达到 $1069×10^4$ tce，其中工业能耗为 $780×10^4$ tce，占陕西省的 58%。随着国家对环保要求的不断加大，韩城市现有产业特征和经济结构在今后发展中将面临更大的节能减排压力。

表 6-5　韩城市与周边城市环境状况对比

| 指标 | 渭南市 | 韩城市 | 运城市 | 三门峡市 |
| --- | --- | --- | --- | --- |
| 万元 GDP 能耗/t 标煤 | 1.59 | 3.468 | 2.21 | 0.98 |
| 空气良好天数/天 | 308 | 296 | - | 254 |

### 1. 生态环境承载能力不高

韩城市地处我国北方，位于黄河西岸，干旱多风，城市所处的河谷盆地和沟壑内易生成局部静风或低风速小环流，产生气流阻塞型局地污染，属于大气环境低承载区。黄河流经韩城市境东部，市域境内主要河流有芝水、濠水、泌水、汶水、盘河、白矾河、凿开河、院子河、堰庄河等。韩城市水资源承载力相对有限，但目前主导产业均为高耗水产业，激化了能源化工产业发展与水资源的矛盾。工农业用水挤占生态用水的问题突出，普遍存在地下水位下降、湿地生态功能退化等次生生态风险。西部沿山煤矿开采生态破坏严重，导致水土流失不断加剧。

### 2. "三废"排放治理难度大

韩城市在工业经济快速发展的同时，对资源的开采力度也随之加大，资源加工生产带来经济效益的同时也产生大量"三废"，生态环境遭受了一定破坏，尤其是龙门、昝村等工业较为积聚的地区，环境污染尤为严重。韩城市第二产业比例占到 80% 左右，以焦化、钢铁、电力、化工、水泥、煤炭开采等高耗能、高污染产业为主。韩城资源型工业产生废弃物主要包括矸石、尾矿渣等固体废弃物，含有化学需氧量、石油类、氨氮类等成分的工业生产废水，炼钢、焦化、电

---

① 工业"四废"指废水、废气、废渣和废液。
② 2015 年末韩城市机动车辆总数达到 85 554 辆。
③ "四项总量控制指标"即二氧化硫（$SO_2$）、化学需氧量（COD）、氨氮（$NH_3$-N）和氮氧化物（$NO_x$）。

力、煤化工等行业的燃煤粉尘以及煤矿瓦斯排放、矿井通风、矸石自燃和工业锅炉等产生的大气污染物。环境监测资料显示，韩城市的大气污染最为严重，主要污染物为二氧化硫、一氧化碳和可吸入颗粒物等，水体主要污染物是化学需氧量、氨氮和悬浮物。工业"三废"给韩城市原本就脆弱的生态环境带来巨大威胁，环境破坏相对突出。由于工业污染治理的技术水平、资金投入、监督管控等多方面的影响，工业废弃物的污染治理难度大。

### 3. 环保基础设施薄弱滞后

以生活和工业污水处理为例，韩城市目前还没有建立健全的工业、生活污水收集、处理设施，污水处理比例比较低。城市污水处理能力与工业化、城镇化的发展速度难以匹配。目前，韩城市仅建有两座运营的生活污水处理厂，芝川镇、芝阳镇、金城街道、西庄镇、板桥镇及经济技术开发区污水处理厂尚在规划建设阶段，部分地区尚未健全污水收集、处理及配套设施，污水处理率偏低。农村生活污水收集系统尚未建立。韩城市各工业园区现有的工业企业污水自行处理，缺乏集中式的工业污水处理厂，企业自行处理污水的成本较高，再加上日常监管难以开展，导致工业废水达标治理能力不足。虽然一些园区按照循环经济的思路开展企业间或企业内部再生水利用尝试，但是由于再生水管理的配套政策、管理等技术体系尚不完善，特别是再生水的生产设施建设严重滞后，再生水在工业用水中的比例仍然较低。固体废弃物的处理也存在设施不足的问题，韩城市的固体废物主要有煤矿、洗煤的煤矸石，非煤矿山企业的尾矿，电力企业的粉煤灰。由于工业固体废物处置场所相对缺乏，小型企业多数未建设专门的处置场所，存在乱排乱倒现象。生活垃圾收集、处理设施、工业固废处置设施等其他环保基础设施也有待完善。

# 6.3  韩城市建设省际边界地区区域
# 中心城市的突破之道

## 6.3.1  增强经济综合实力

### 1. 推动实现农业现代化

按照园区化、特色化、休闲化的发展思路优化产业布局、提升发展水平、推进产业升级。

**（1）园区化**

通过借鉴经济技术开发区的发展模式设立农业园区，并设置管理委员会进行管理，通过园区开展政策制定、企业引进、技术培训等工作，并提供完善的基础设施和公共服务，推动农业现代化、产加销一体化。农业园区达到一定规模时通过装置大型农业设备、运用先进技术和采用更高效的管理手段，更大地发挥现代化农业园区的效益。

**（2）特色化**

特色化是指依托当地特色农产品，建设高等级专业化园区，提高专业农产品的产加销一体化水平，实现产业的延伸发展。建设特色农产品批发交易中心、信息发布中心、质量检测中心、价格形成中心、科技研发中心，建立特色农产品研发、应用和转化的孵化基地，充分发挥电子商务在农产品交易中的重要营销渠道作用。将特色农产品加工制造业以及旅游服务产业有机结合，充分提高农业产品的附加值。

**（3）休闲化**

休闲农业是依托区域特有的农业资源与田园景观、农业设施与农业科技、农业生产与农耕文化、农家生活和农村风情风貌等资源条件，为游客提供观光、体验、休闲、娱乐和教育等多种服务的农业生产及经营活动，是第一产业和第三产业的有机融合，是生产、生活、生态三位一体的新型产业。休闲农业实现了农业的观光、休闲、体验、娱乐、度假、康体、学习等综合功能，适应了人们的休闲旅游需求呈现出多样化的趋势（郭焕成和吕明伟，2008）。

2. 加快资源型工业转型

对于韩城市来说，资源型工业转型需要以可持续发展的理念，按照循环经济发展模式，既要注重传统产业延链升级，同时也要培育新兴接续产业。

**（1）延伸传统工业**

延链升级实质就是在延伸产业方向上的接续产业培育，如产业链相对较长的产业，有延伸潜力的产业，选择其产业链上有潜力发展的环节，作为接续产业进行培育。延链升级具体策略是：在产业链分析的基础上，结合市场环境选择意向与产业核心重点进行初选，进而缩小评价对象，确定产业发展方向以及备选方案。韩城市传统的钢铁、焦炭等行业应积极拓展思路，探寻工业发展转型的创新之路，依托能源基础延伸产业链条，积极发展循环经济，推动传统能源领域工业不断创新，焕发新的产业生机。

**（2）培育接续产业**

城市所依托的资源在产业发展后期终将面临枯竭，需要制定培育新兴接续产业的发展路径（张文忠等，2011）。韩城市属于稳产期的资源型城市，现有资源型产业稳定发展为城市工业奠定了较好的发展基础，具有较强的经济实力，有能力处理解决新兴接续产业培育过程中可能出现的管理、政策、资金等方面的问题。在培育新兴接续产业实施顺序上，应遵循先易后难的次序，在模式上采用市场主导+政府配合的模式。要借助企业合作关系促进产业创新和升级，让企业自身去适应市场变化、推动产业转型、获得更高利润，政府制定政策时更多向企业的科研和创新倾斜。城市产业发展的重点逐步从资源依赖型产业向非资源型产业转移，核心工作是选择发展潜力大、带动力强的产业作为主导产业，并加大扶持力度，使其作为替代产业进而支撑城市经济的可持续发展。

新兴接续产业的培育需要通过工业体系的创新来实现，韩城市应通过构建工业网络，以网络化的企业组织推动现有企业合作创新，逐步形成以企业群为主体的创新集群。在工业网络组织形式下，企业间建立了超越市场机制下的各成员之间的相互关系，企业之间相互开展合作，包括战略层面上各类信息的对接、产品或技术的共享与转让等。

针对韩城市而言，化工产业、建材产业形成集群，打造煤-钢-电-建企业网络，通过整合纵向和横向共生企业之间的联系，使成员之间具备联盟与合作的趋势，进而激发成员自身面对竞争时的内在潜力，有助于实现专业化投资和进行更好的业务决策。未来还可以通过发挥煤化工、新型陶瓷、精工铸造等产业集群的创新能力，引育更多类型的新企业，逐步培育起能够支撑城市经济的接续产业。

**（3）发展循环经济**

依托能化资源发展的城市由于大量开采矿产资源，工业生产普遍存在生产粗放、耗能过高、污染严重等问题。韩城市作为典型的煤炭、钢铁资源型城市，同样面临着日益严重的生态环境问题和可能发生的社会问题，要按照循环经济发展模式布局，防止生态环境的进一步恶化。

具体来讲，循环经济发展模式可按照企业、产业、社会三个层面设计，不同层面的策略、组织形式等有所差别。在企业层面，坚持清洁生产，建立小循环，控制住企业这一资源、能源消耗和产品形成的最主要环节（张艳，2007）。以韩城市典型的焦化企业为例，焦炭生产过程中必然伴随煤焦油、焦炉气等副产品。其中煤焦油等副产品可用于生产炭黑、粗苯等，焦炉气则可以合成甲醇、合成氨等，同时，炼焦后的煤炭，进行筛选后，利用其中的矸石、余气、煤泥、干熄焦等则可作为发电行业的原料，从而实现资源在企业内部的高效循环利用。

在产业层面，按照园区化的空间布局模式，建设生态工业园区，把可能存在废弃物交换再利用的资源、能耗产业，组合形成生态产业循环链（环）以及生态产业循环网。在生态产业园中，单个企业产生的副产品或废料，可通过工业运输管道输送给其他企业作为原料或者辅料，完成工业废弃物的消化再利用，园区则成为打造共享资源和互换副产品的产业综合体。伴随着技术创新，企业之间也会形成新的代谢共生关系，代谢链条上衍生出新的并联企业，新的产业也可能孕育成长。韩城市在建设化工、钢铁、电力、机械加工和建材产业五大支柱产业的生态产业园区过程中，应大力推进贸易双方利用对方生产过程中的废弃物或副产品，促进五大产业之间的共生耦合，进而提高资源利用效率。

在社会层面，推进循环经济发展则应分析、梳理社会生产系统中各层级子系统的物质流、能量流的分布及流动特征和规律。通过模拟自然生态系统的物质流、能量流，进而建立起与自然生态系统相仿的社会生态产业链，推进社会生产系统中废弃物的资源化和无害化利用。通过提升技术装备水平和调整产业结构降低生产、生活能耗，引导使用非化石类清洁能源，提高整个社会系统的能源利用效率。具体来讲，韩城市应在重点分析化工、钢铁、建材、电力及居民生活之间的物质流、能量流运转趋势的基础上，深入探讨上述产业链之间的耦合关系，实现物质流、能量流的高效运转，推进资源在全社会中的高效率利用。

### 3. 大力发展现代服务产业

增加韩城市的高等级服务功能。大力发展商贸服务业，积极引进知名企业，建设专业市场和商业综合体，扩大城市商贸服务影响力。发展特色金融服务业，加快引进民营金融机构和外资金融机构的步伐，争取外资银行、证券公司、股份制银行、保险机构、信托投资、基金管理等金融企业入驻或设立分支机构，提高全市金融业整体实力与辐射影响力。强化信息服务职能，以"互联网+"为契机，推进传统产业、农副产品和商贸流通业电子商务平台建设，促进电子商务发展。

发展旅游以及休闲、娱乐产业。逐步发展以文化旅游为主，影视基地、文艺演出等产业为辅的产业格局，形成中小型文化产业集群发展。

通过现代服务业的发展，有效提升传统产业发展的支撑、保障水平，发挥产业发展的带动作用，提高城市服务水平，加强与周边地区联系，不断完善城市中心职能，促进城市转型发展。

## 6.3.2　完善交通设施支撑

### 1. 提升公路交通

韩城市存在高等级公路尚未形成网络，干线交通通道单一、干线公路较少、向西、向北、向东交通联系薄弱的问题。

加快高速公路建设。一方面，增加东西走向高速公路，以便捷连接关中北部和黄河以东的城市，最终形成向西延伸连通甘肃东部地区，向东连接河南北部、山东南部的区域公路交通动脉。另一方面，向北建设高速公路，连通陕北地区高速公路网，进而向北连通内蒙古中部，最终形成韩城市与晋陕豫三省交界地区城市以及关中–天水经济区城市群、中原城市群、太原城市群、呼包鄂城市群、宁夏沿黄城市群等周边城镇群高效率连通的公路交通联络。

优化高等级道路网络。打通韩城市南北向沿黄河的交通干线，加强韩城市与黄河东岸山西省、河南省的交通联系，形成以韩城市为中心，向周边辐射的快速公路交通网络。

### 2. 完善铁路运输

客运铁路提速。韩城市的铁路建设比较滞后，仅有两条货运铁路，缺乏高速客运专线等高效率的客运铁路交通。韩城市应争取早日建成西安市到韩城市城际铁路，增强韩城市与陕西省核心发展区域之间的客运能力，进一步缩短铁路旅客运输的时间，吸引更多的游客和投资者到韩城市旅游、投资。另外，还要积极融入国家或跨区域的客运专线网络，形成与周边省份大城市相连的铁路客运专线。

货运铁路增效。区域中心城市除了汇聚大量的客流，还会吸引大宗货流的聚集，对于内陆地区而言，大宗货物的运输方式中，铁路运输依然是成本最低、运输量最大、运距最远的运输方式。韩城市在现有两条东西走向区域铁路通道的基础上，未来要争取新建南北走向铁路线，建设"北煤南运"铁路新通道，融入更大区域的铁路货运交通网络。

### 3. 发展航空交通

建设支线民用机场，构建韩城市立体交通格局。机场依托快捷交通与其他交通形式连接，形成综合的城市交通体系，减少从韩城市前往其他区域中心城市的交通时间，提升城市的区域辐射带动作用，满足区域内多样化、便捷性的交通需求。可依托韩城机场，通过与周边城市合作建立异地候机（楼）厅的模式，增加韩城市航空运输服务范围。

## 6.3.3  提升公共服务水平

### 1. 教育服务

提升区域中心城市的教育服务功能，构建完整的教育服务体系，提高基础教育水平，完善职业教育体系，实现高等教育突破。在基础教育方面，通过改善办学条件、提升学校设施水平、引进高水平师资等措施扩大基础教育的服务范围；在职业教育方面，以促进就业为导向，深化产教融合、校企合作，加快建设现代职业教育体系，提高职业学校教育特色；在高等教育方面，积极开展与周边大城市高等职业教育学校之间的中高职衔接教育培养，与高职院校、行业企业合作办学，提高办学的灵活性，围绕韩城市工业、旅游和服务业发展布局培养专门的高级人才，设立吸引高校教师、科研人员进入创新创业园区和研究机构。

### 2. 医疗卫生服务

引入高等级医院，加强区域医疗卫生合作和资源共享，加强区域内医疗卫生技术人员交流，共同提升医疗卫生服务水平。整合现有医疗资源，提升硬件设施支撑、增加医护人员数量等措施。在坚持政府主导的前提下，积极鼓励、支持和引导社会资本进入医疗卫生服务领域，逐步形成投资主体多元化，投资方式多样化的办医体制，满足不同层次的医疗卫生服务需求，扩大医疗资源的覆盖面。另外，以解决人口老龄化带来的养老服务需求与供给矛盾为目的，整合区域资源，建设覆盖关中东北部区域的养老机构。

### 3. 文化服务

加强历史文化遗产保护和传承。注重挖掘历史文化资源，强调特色文化内涵的重要性。从历史文化名城、历史文化街区（历史文化风貌区）和文物保护单位（历史建筑）三个层次出发，制定不同的保护标准。对历史文化名城，要以保护遗存及其历史环境的真实性为主要目的，以保护为主，协调建设与保护的关系；对历史文化街区，重点是对风貌特色的保护，进行历史遗存修缮和环境整治，在保护的同时实现其合理利用；对文物保护单位，贯彻"保护为主、抢救第一、合理利用、加强管理"的工作方针，在有效保护的基础上建设考古遗址公园（崔鹏和吴欣，2014），合理利用和展示文物，促进文化旅游。同时，对韩城市秧歌、围鼓等丰富的非物质文化遗产进行保护与传承。

加强文化服务产业发展。重视传统文化资源有效利用与文化产业创新开发，打造特色文化产业。将历史文化、民俗文化、建筑文化、传统食品加工及手工艺等生产方式与旅游观光、休闲体验相融合，建设文化产业园。

## 6.3.4 加强生态环境治理

生态环境治理的区域协调机制，需要建立区域各城市间应对环境污染与生态破坏的策略。加大投入治理已有污染，限制或杜绝新污染排放，防止环境污染因子污染效应叠加，增强生态环境承载力。

1. 大气环境治理

大气环境治理重点应通过开展设施提升改造，大力发展循环经济，提高绿化面积加强工业企业的大气污染物控制，推广清洁能源使用，控制煤炭消费总量，调整以煤炭为主的能源消费结构。建设集中供热项目，逐步扩大供热管网覆盖范围，最终实现用热企业和城区居民采暖全覆盖。

2. 水环境治理

加强工业水污染源治理，实现稳定达标排放。提高污水排放企业的污水处理设施标准，提高循环利用率，开展废水深度处理技术探索，形成规范化废水处理机制。

加强饮用水水源地保护，确保饮用水源安全。加强黄河沿线饮用水源地保护，推进水库周边水土保持，加强水源林保护，积极争取上级资金投入水库生态环境保护工程建设。

避免过度开采地下水，扩大工业回用水比例。维持采补平衡，同步进行污水处理与再生利用，实现水资源的可持续利用。

实施河流综合整治，改善水环境质量，保障水安全。重点针对黄河及其一二级支流，实施河流的综合整治。

**3. 固体废弃物治理**

强化工业固体废物管理要强化源头控制，减少工业固废量的产生。通过调整产业结构，引导使用新能源，推动工业固体废物资源化利用，鼓励企业间加强废物交换利用，形成规范化的固废处理机制。

**4. 生态恢复与保育**

晋陕豫三省交界地区城镇多依靠能源发展，生态系统特别是矿区的生态保护、恢复与重建意义重大。开展区域生态恢复，要坚持资源开发利用与生态环境保护并重的原则，规范生产、施工保护措施，制定切实可行的生态补偿措施，水土流失防治既要具备保持水土功能，又要满足提高环境质量的要求。

## 6.3.5 建立区域协作机制

**1. 产业发展协作共赢**

夯实区域农业发展根基。晋陕豫三省交界地区是传统的农业耕作区域，是重要的小麦、棉花和苹果生产基地。开展晋陕豫三省交界地区农业协作，要在农业合作组织的基础上，构建农产品育种、栽植和加工技术推广、质量控制体系和市场营销扩展的协作交流平台。推进"互联网+"与农业的融合，建立线下线上相结合的专业交易市场和网络交易平台，并积极发展现代农业、休闲观光农业，全力推进农业区域化发展。加强区域工业发展支撑。依托区域优势产业和骨干企业，使其作为龙头，进而培育壮大若干技术水平高、产业关联紧密、创新能力强的产业集群，推进产业链的延伸和产业层次的提升，联合打造新型装备制造业、新能源等产业基地，积极争取国家政策扶持，开展相关领域的试点实行。

加强区域工业发展支撑。区域合作以优势产业和骨干企业为龙头，培育壮大若干关联紧密、技术水平高、创新能力强的产业集群，延长产业链，提升产业层次，联合打造新型装备制造业、新能源等产业基地，积极争取国家政策扶持，开展相关领域的试点实行。

打造区域服务业发展引擎。晋陕豫三省交界地区地缘相近、人缘相亲，区域历史悠久、文化灿烂、山水俊秀、名人众多，拥有极为丰富的自然和人文旅游资源，是黄河风光、黄河文化最集中的展现地和承载地。开展服务业合作，应从旅游产业入手，在民间协作组织的基础上，全面优化旅游资源、基础设施、旅游功能、旅游要素和产业布局，引导旅游发展从"景点旅游"到"全域旅游"转变，提升整个区域的旅游协作水平，通过市场共建、信息互通、客源互送、游线组合、联合营销等加强区域合作，促进联动发展，将邻位竞争关系变为互利和双赢关系。

## 2. 设施服务共建共享

基础设施建设是实现区域经济效益、社会效益、环境效益的重要条件保障。只有破解了交通、通信、能源等硬件设施的分割、重复和低效难题，才能够为区域发展中各种要素的高效流动提供硬件保障。区域内外联系的交通网络建设，要建设区域内高速公路和国道、省道，打通省际断头路。强化基础设施建设互联互通，实现区域公共服务共享，不断增强基础设施承载力，提升区域中心城市建设保障能力。除此之外，在能源领域谋划省际天然气输气管道建设，推动区域天然气管网全覆盖。

在医疗卫生服务领域推进跨省城市就医异地直补，参与建立区域健康信息共享平台；在教育领域建立基础教育跨省就学机制，建立城市间专业教育优质职教资源合理流动机制和人才交流平台。

## 3. 生态环境共同维护

黄河是我国中西部地区生物多样性分布的重要依存，也是晋陕豫三省交界地区赖以生存和发展的最重要生态环境基础。保护黄河及其湿地资源，要在妥善协调保护、科研和开发关系的基础上，通过实施旱作农业转水作农业、河滩地治理、堤岸修筑、水运交通、防汛滞洪、湿地公园建设、河滩水资源叠加利用等工程实施，将黄河及其湿地打造成集滩涂、水田、湿地于一体的生态系统，实现防洪安全与生态、社会、经济效益的有机融合，搭建晋陕豫三省交界地区生态安全格局。

黄土高原丘陵沟壑区的水土流失问题是黄河金三角区域面临的另一重大生态环境问题。在该区域开展水土流失治理，一方面要加强小流域的综合治理、坡耕地治理等，建设淤地坝，实施农、林、水综合治理，形成工程措施与林草措施相结合的防护体系；另一方面要依托煤油气资源开采水土流失补偿机制立项水土保持工程建设，合理开发利用水土资源，发挥生态的自我修复能力，建立各城市相互配合、互相补充的综合防护体系，进一步缩减区域内水土流失面积、控制水土流失强度。加强环境执法管理、加大宣传力度、调动全民参与，实现生态效益向社会、经济效益的拓展。

### 4. 合作机制共商共议

韩城市要主动在区域沟通、协商、决策、执行机制的建立中发挥积极作用。例如，积极参加市长联席会议等各类高端会议，就国家、省等不同层面的管理、协调部门提出的议定事项进行分解落实。共同推动顶层设计逐步完善，争取在更高层面设置区域合作领导机构，统筹区域协调发展，实施区域合作事务业务领导，并建立区域合作的奖惩体系和绩效评估。韩城市从行政区行政的治理模式，向适应区域行政治理模式发展转变，消除地区封锁和行政壁垒，促进在合作区域内实现政令、法制的同质化、优惠政策的共享以及基础设施、公共服务配置等方面的一体化。共同促进建立合作区利益分配机制，明确合作区公共事务成本分摊和收益分配，出资建立区域合作基金，形成合作区投融资机制。

## 6.4 小　　结

促进省际边界地区区域中心城市形成和发展的有效路径是增强城市的经济综合实力，完善交通设施等区域公共设施，不断提升城市对区域的公共服务能力和水平，同时要维护好区域生态环境，建立城市与城市之间、城市与区域之间的良性协作关系。

1）韩城市具有建设晋陕豫三省交界地区区域中心城市的普遍性和典型性。其位于陕西关中平原与陕北黄土高原的过渡地带，地形地貌条件复杂；煤炭及煤层气储量丰富，水资源丰沛，城市依托良好的资源组合条件已形成煤–钢–电–建为重点的产业体系；韩城市与晋陕豫三省交界地区其他城市历史文化渊源深厚、矿产资源储备形成体系、人员物资交流颇为紧密。韩城市建设区域中心城市具有经济规模和政策支持的优势。但通过与区域其他潜在区域中心城市的发展条件进行比较发展，目前韩城市作为区域中心城市的物流、金融、信息、科技等高等级服务职能不完善，综合性教育、医疗、文化、管理等公共服务职能欠缺，且中心城区与城市辐射影响区域间的交通通达性较差，尚不能完全承担区域中心城市的职能并发挥中心城市作用，必须通过经济转型升级发展，完善城市中心职能，提升中心城区对辐射影响区域的综合服务水平，在提高自身规模的基础上，增强区域的辐射带动能力。

2）韩城市应从增强经济综合实力、完善交通设施支撑、提升公共服务水平、加强生态环境治理和建立区域协调机制等方面开展省际边界地区区域中心城市建设。遵循延伸传统产业、培育接续产业、发展循环经济和培育现代服务业的发展路径，增强城市经济实力；按照公路交通形成网络、铁路运输提速增效、航空运输实现突破的思路提升城市交通水平；通过采取提升基础教育、完善职业教育、补充高等教育，吸引高等级医院并加大养老设施建设力度，加强历史文化遗产保护和文化服务产业发展的策略，提升城市的教育、医疗卫生和文化服务能力；通过加强工业污染防治和矿区生态恢复，保护黄河湿地生态功能完整性提高生态环境质量；建立跨行政区的产业发展协作共赢、公共服务共建共享、生态环境共同维护、合作机制共商共议的区域协作机制。

# |第 7 章| 结论与展望

## 7.1 主要结论

立足行政区边界地区城市与区域协调发展视角，研究省际边界地区的自然、经济、社会特征，梳理省际边界地区发展所面临的问题，系统分析省际边界地区区域中心城市的职能构成及形成条件。通过定性、定量与空间相结合的省际边界地区区域中心城市选择分析模式，遴选出晋陕豫三省交界地区具备成为区域中心城市潜力的城市，并以陕西省韩城市为例提出省际边界地区区域中心城市建设的对策和建议。

1）中国中西部地区省际边界地区区域地理特征及发展问题主要表现为地理区位的边缘性、行政边界的分隔性、资源禀赋的相似性、生态环境的关联性、地域文化的相近性、区域关系的竞合性和经济发展的相对欠发达性。在该类区域，自然地理条件优劣决定区域开发发展的时序和程度，空间拓扑关系的复杂程度影响经济潜力的发挥，边界两侧地区不同发展水平的空间集聚形式决定省际边界地区所处的发展阶段。

2）区域中心城市是省际边界地区区域经济发展的增长极和生产生活的服务中心，具备经济带动和公共服务两大功能，并通过此两大功能的发挥实现对省际边界地区区域经济社会发展的组织、带动与服务。在中国现行体制下，影响省际边界地区区域中心城市形成、发展和功能发挥的因素与条件主要包括资源禀赋、交通可达、行政层级、经济活动、分工协作5个方面。其中，资源禀赋是城市形成发展的基础性条件；交通可达是兑现城市中心职能的必备条件；行政层级在区域中心城市的形成发展中起主导作用；经济活动聚集是增强和提升城市中心性的核心要素；分工协作则推动了经济社会活动在城市聚集，是兑现中心职能的必然结果。

3）晋陕豫三省交界地区具有中国中西部省际边界地区行政分割、发展滞后的典型特征，急需培育区域中心城市，并通过其聚集和扩散作用，打破要素流动障碍，带动区域发展。通过建立城市功能综合评价—发展条件系统分析—城市影响范围分析的省际边界地区区域中心城市遴选-评价的方法体系，确定渭南市、延安市、韩城市、运城市、临汾市和三门峡市6个城市为该区域潜在区域中心城市，但6个城市目前不同程度地存在经济带动能力不足、公共服务水平偏低、交通设施建设滞后等问题。其中，交通可达性偏低限制了除运城以外其他5个潜在区域中心城市影响范围的扩张，加强区域交通设施建设是推动省际边界地区区域中心城市发展并最大化发挥辐射带动作用的重要措施。

4）韩城市是晋陕豫三省交界地区潜在的区域中心城市之一，发展特征具有普遍性和典型性。其交通可达性较差，经济规模相对较小，公共服务职能尚不能覆盖其行政辖区以外区域。因此，韩城市建设省际边界地区区域中心城市建设应从重点增强经济综合实力、完善交通设施支撑、提升公共服务水平、加强生态环境治理和建立区域协调机制等方面着手。

# 7.2 工作展望

区域中心城市通过聚集和扩散带动省际边界地区发展对于促进区域协调发展具有重要意义。随着研究的深入，由现有研究内容所引发的新问题逐渐浮现。在未来，将从以下两个方面开展进一步研究。

1）省际边界地区这种特殊的自然-社会地域单元承载了自然、经济、社会等众多要素，由于行政区边缘由于边界阻隔效应，各种要素对区域发展作用机制和空间效应有别于其他区域，要进一步研究各种因素在地理空间上的影响机制，省际边界地区区域中心城市空间效率发挥制约因素及机制，以及省际边界地区经济社会的空间响应，达到全面深入把握省际边界地区发展空间发展规律的目的。

2）提出省际边界地区区域中心城市构建策略，但对策略实施后区域中心城市发展及对区域的带动效应多为定性分析，对预期发展效果的定量化判断不足。在今后的研究中将借助系统动力学方法进行建模，对省际边界地区在区域中心城市带动下经济、社会、空间发展演变进行动态分析与情景模拟，为实现行政区边界地区与其他区域的协调发展提供多种优化调控方案。

# 参 考 文 献

安虎森 . 2008. 新区域经济学［M］. 大连：东北财经大学出版社 .

安树伟 . 2004. 行政区边缘经济论——中国省区交界地带经济活动分析［M］. 北京：中国经济
出版社 .

安树伟，张素娥 . 2003. 政府行为与蒙晋陕豫交界地带经济合作研究［J］. 西安财经学院学报，
（4）：23-27.

巴朗斯基 . 1958. 论地理分工 . 经济地理学论文集［M］. 邓静中，译 . 北京：科学出版社 .

白永平 . 2007. 基于区域空间结构的中心城市流量经济效应及其发展对策——以兰州为
例［C］. 南京：中国地理学会 2007 年学术年会论文摘要集 .

柏振忠 . 2010. 现代农业发展模式的国际比较及中国的借鉴［J］. 世界农业，（3）：24-27.

曹红阳，王士君 . 2007. 黑龙江省东部城市密集区城市流强度分析［J］. 人文地理，（2）：
81-86.

曹小曙，薛德升，阎小培 . 2005. 中国干线公路网络联结的城市通达性［J］. 地理学报，（6）：
25-32.

陈国阶 . 1998. 渝鄂湘黔接壤贫困山区的脱贫与开发［J］. 国土经济，（6）：11-13.

陈国生，康健，唐世龙，等 . 2008. 中心城市竞争力研究——以湖南为例［J］. 上海市经济管
理干部学院学报，（4）：53-57.

陈皓峰，刘志红 . 1990. 区域城镇体系发展阶段及其应用初探［J］. 经济地理，（1）：66-70.

陈洁，陆锋，程昌秀 . 2007. 可达性度量方法及应用研究进展评述［J］. 地理科学进展，（5）：
100-110.

陈丽红 . 2003. 美国大都市区中心城市产业结构转型研究（1920—1970）［D］. 长春：东北师
范大学 .

陈联，蔡小峰 . 2005. 城市腹地理论及腹地划分方法研究［J］. 经济地理，（5）：629-631.

陈南岳 . 2001. 长江流域可持续发展研究［J］. 中国软科学，（2）：112-115.

陈素青，钟桂芬 . 2005. 山东省中心城市竞争力定量评析［J］. 曲阜师范大学学报（自然科学
版），（2）：110-114.

陈田 . 1987. 我国城市经济影响区域系统的初步分析［J］. 地理学报，（4）：308-318.

陈炜 . 2006. 近代中国区域中心城市崛起的原因［J］. 新乡师范高等专科学校学报，（2）：68-71.

陈治谏 . 1994. 川滇黔接壤地区总体发展战略研究［J］. 长江流域资源与环境，（3）：193-199.

陈宗兴 . 2012. 经济活动的空间分析［M］. 西安：陕西人民出版社 .

程广平，汪波，程国平 . 2006. 区域性中心城市物流集群发展研究［J］. 地域研究与开发，
（4）：62-64.

程丽辉，王兴中 . 2003. 中国区域中心城市及其卫星城镇生活空间质量评价——以西安卫星城
镇评价为例［J］. 地理科学进展，（3）：216-225.

迟庆峰 . 2008. 区域中心城市基础设施投融资研究 ［D］. 青岛：青岛大学 .

崔功豪，魏清泉，刘科伟 . 2006. 区域分析与区域规划（第二版）［M］. 北京：高等教育出版社 .

崔鹏，吴欣 . 2014. 秦咸阳宫考古遗址公园规划与建设策略研究 ［J］. 宁夏大学学报（人文社会科学版），（4）：180-185.

代合治 . 1998. 中国城市群的界定及其分布研究 ［J］. 地域研究与开发，（2）：41-44.

戴昌钧，张楠 . 2005. 我国中心城市知识发展水平的国际比较及差距研究 ［J］. 经济前沿，（7）：22-26.

党淑英 . 2008. 中国内陆中心城市物流业竞争力比较研究 ［D］. 西安：陕西师范大学 .

邓春玉 . 2009. 基于对外经济联系与地缘经济关系匹配的广州国家中心城市战略分析 ［J］. 地理科学，（3）：329-335.

邓祖涛，陆玉麒 . 2007. 汉水流域中心城市空间结构演变探讨 ［J］. 地域研究与开发，（1）：12-15.

丁建军 . 2010. 城市群经济、多城市群与区域协调发展 ［J］. 经济地理，（12）：2018-2022.

董田春，乔志强 . 2003. 建设榆林区域性中心城市的思考 ［J］. 榆林高等专科学校学报，（1）：40-43.

杜红 . 2006. 区域性中心城市的发展分析 ［D］. 天津：天津大学 .

杜家元，周永章 . 2009. 泛珠三角中心城市互动的动力、模式及合作领域分析 ［J］. 人文地理，（4）：103-106.

杜娟 . 2007. 成渝双核型空间结构及竞合关系研究 ［D］. 成都：西南交通大学 .

方创琳 . 2011. 中国城市群形成发育的新格局及新趋向 ［J］. 地理科学，（9）：1025-1034.

方创琳 . 2014. 中国城市群研究取得的重要进展与未来发展方向 ［J］. 地理学报，（8）：1130-1144.

冯德显，贾晶，乔旭宁 . 2006. 区域性中心城市辐射力及其评价——以郑州市为例 ［J］. 地理科学，（3）：266-272.

冯革群，丁四保 . 2005. 边境区合作理论的地理学研究 ［J］. 世界地理研究，（1）：53-60.

冯坛 . 2011. 城市化区域发展中的核心城市研究 ［D］. 大连：东北财经大学 .

高玲玲，周华东 . 2009. 中心城市对区域经济增长贡献的评价体系研究——以中部地区中心城市为例 ［J］. 经济问题探索，（12）：31-36.

谷国领 . 2011. 邯郸构建晋冀鲁豫省际边界区中心城市的研究 ［D］. 大连：辽宁师范大学 .

顾朝林 . 1991. 城市经济区理论与应用 ［M］. 长春：吉林科学技术出版社 .

顾朝林，柴彦威，蔡建明，等 . 1999. 中国城市地理 ［M］. 北京：商务印书馆 .

顾朝林，庞海峰 . 2008. 基于重力模型的中国城市体系空间联系与层域划分 ［J］. 地理研究，27（1）：1-12.

管楚度 . 2002. 新视域运输经济学 ［M］. 北京：人民交通出版社 .

郭宝华，李丽萍 . 2007. 区域中心城市机理解析 ［J］. 重庆工商大学学报（西部论坛），（2）：

35-38.

郭凤城 . 2008. 产业群、城市群的耦合与区域经济发展 [D]. 长春：吉林大学 .

郭焕成，吕明伟 . 2008. 我国休闲农业发展现状与对策 [J]. 经济地理，(4)：640-645.

郭建斌 . 2016. 长江中游城市群内部次区域间竞合问题研究 [J]. 当代经济，(36)：40-43.

郭庆胜，闫卫阳，李圣权 . 2003. 中心城市空间影响范围的近似性划分 [J]. 武汉大学学报
（信息科学版），(5)：596-599.

郭荣星 . 1993. 中国空间组织结构差异对省际边界地区经济发展的影响 [J]. 地理科学，(3)：
197-204.

郭荣星 . 1995. 我国省级边界地区自然资源开发的政策建议 [J]. 科技导报，(2)：52-53.

郭祖炎，肖丽娟 . 2007. 东部与中部省际边境地区经济发展的理论与实践分析 [J]. 大连干部
学刊，(9)：38-39.

韩玉刚，叶雷 . 2016. 中国欠发达省际边缘区核心城市的选择与区域带动效应——以豫皖省际
边缘区为例 [J]. 地理研究，(6)：1127-1140.

韩悦臻，尚春青 . 2008. 交通运输与经济发展关联性分析 [J]. 公路，(9)：345-349.

何龙斌 . 2013. 省际边缘区接受中心城市经济辐射研究 [J]. 经济纵横，(6)：12-16.

何龙斌 . 2014. 省际边缘区增长极城市培育研究——以陕西省汉中市为例 [J]. 陕西理工学院
学报（社会科学版），(3)：22-27.

何胜，唐承丽，周国华 . 2014. 长江中游城市群空间相互作用研究 [J]. 经济地理，(4)：
46-53.

贺崇明 . 2006. 区域中心城市交通网络的构建 [J]. 城市规划，(7)：75-78.

侯景新，尹卫红 . 2002. 论区域规划中的中心城市与卫星城协调布局 [J]. 中国软科学，(10)：
94-98.

侯景新，尹卫红 . 2004. 区域经济分析方法 [M]. 北京：商务印书馆 .

胡鞍钢，刘生龙 . 2009. 交通运输、经济增长及溢出效应——基于中国省际数据空间经济计量
的结果 [J]. 中国工业经济，(5)：5-14.

胡序威 . 2005. 区域城镇体系的协调发展问题 [J]. 城市规划，(12)：12-17.

黄金川，陈守强 . 2015. 中国城市群等级类型综合划分 [J]. 地理科学进展，(3)：290-301.

黄细嘉 . 2007. 创新区域中心城市旅游联动发展模式——以武汉、长沙、南昌三市为例 [J].
地域研究与开发，(6)：79-83.

贾春蓉 . 2004. 四川省主要中心城市竞争力比较分析 [J]. 西华师范大学学报（自然科学版），
(2)：189-193.

姜博，赵婷，雷国平，等 . 2011. 长江三角洲城市群经济联系强度动态分析 [J]. 开发研究，
(2)：12-15.

蒋团标 . 2006. 基于开放经济下的中心城市经济融合——以滇、桂为例 [J]. 经济问题探索，
(2)：22-25.

焦文旗 . 2003. 石家庄建设物流中心城市的几点措施建议 [J]. 经济师, (11): 237-239.

揭筱纹, 罗莹 . 2016. 我国新型制造业的特征及其构建路径研究 [J]. 理论与改革, (4): 184-188.

金凤君, 王姣娥 . 2004. 20 世纪中国铁路网扩展及其空间通达性 [J]. 地理学报, (2): 293-302.

金祥荣, 王桤伦 . 2002. 现代城市中心区物流产业发展策略研究——以杭州江干现代物流产业建设为例 [J]. 商业经济与管理, (7): 5-7.

冷志明 . 2005. 中国省际毗邻地区经济合作与协同发展的运行机制研究 [J]. 经济与管理研究, (7): 62-65.

冷志明, 易夫 . 2008. 省际边界区域中心城市的构建: 怀化个案 [J]. 人文地理, (3): 74-78.

李海涛, 罗赤, 张永波, 等 . 2006. 中部中心城市发展的战略思考——以湖北省宜昌市为例 [J]. 城市规划, (5): 89-92.

李洪伟 . 1995. 对晋冀鲁豫接壤区一些环境经济政策的思考 [J]. 环境保护, (7): 17.

李金龙, 李朝辉 . 2011. 我国区域旅游中地方政府间的竞合关系探析 [J]. 经济地理, (6): 1031-1035.

李锦兰 . 2007. 武汉中心城市与周边卫星城市协调发展研究 [D]. 北京: 中国地质大学 .

李丽娟 . 2008. 江西省中心城市竞争力变化研究 [D]. 南昌: 江西师范大学 .

李妮莉 . 2004. 论武汉市城市中心性与城市发展 [J]. 理论月刊, (5): 80-82.

李平华, 陆玉麒 . 2005. 可达性研究的回顾与展望 [J]. 地理科学进展, (3): 69-78.

李平华, 陆玉麒, 于波 . 2005. 20 世纪 90 年代江苏省中心城市的增长模式和集聚扩散特征研究 [J]. 人文地理, (3): 49-53.

李永群, 常疆, 邓晓磊 . 2016. 省际边界区域中心城市选择与培育研究——以湘赣边界为例 [J]. 城市地理, (2): 11-12.

李桢业, 金银花 . 2006. 长江流域城市群经济带城市流——基于长江干流 30 城市外向型服务业统计数据的实证分析 [J]. 社会科学研究, (3): 28-33.

李志刚 . 1999. 保定中心城市持续发展的区域研究 [J]. 经济地理, (1): 58-62.

李志刚, 张锦宗, 薛丽芳 . 2002. 陕甘宁接壤区能源重化工基地建设构想 [J]. 地理研究, (3): 287-293.

梁双陆 . 1998. 中国省区交界地带经济发展思考 [J]. 改革与战略, (2): 27-29.

林东华, 吴秋明 . 2013. 福建省城市流强度与结构研究 [J]. 东南学术, (1): 80-88.

林高峰 . 2004. 闽浙边界文化的构成与开发 [J]. 广播电视大学学报 (哲学社会科学版), (4): 97-100.

林涛, 刘君德 . 2000. 我国中心城市的近今发展 [J]. 城市规划, (3): 26-30.

林彰平 . 2007. 全球化背景下广州城市中心性提升策略 [J]. 广州大学学报 (社会科学版), (7): 45-50.

刘奥东 . 2011. 省际边界中心城市发展研究 [D]. 长沙: 湖南师范大学 .

刘冰 . 2007. 交通运输与区域经济发展的适应性分析 ［D］. 北京：北京交通大学 .

刘改芳，梁嘉骅 . 2009. 区域内资源相似型人文景区的竞合关系研究——以晋商大院为例 ［J］. 旅游学刊，（4）：41-45.

刘继生，陈彦光 . 2000. 分形城市引力模型的一般形式和应用方法——关于城市体系空间作用的引力理论探讨 ［J］. 地理科学，（6）：528-533.

刘嘉俊，蒋国富，靳晶晶 . 2011. 黄淮四市城市中心性评价 ［J］. 国土与自然资源研究，（1）：1-2.

刘杰 . 2005. 国内外区域中心城市现代服务业集群发展特色比较及经验启示//中国商业经济学会 . 2008. 中部崛起与现代服务业——第二届中部商业经济论坛论文集 ［C］. 中国商业经济学会 .

刘君德，舒庆 . 1996. 中国区域经济的新视角——行政区经济 ［J］. 改革与战略，（5）：1-4.

刘那日苏 . 2014. 自然资源开发对经济增长作用的区域差异研究 ［D］. 兰州：兰州大学 .

刘巧玲 . 2014. 上海与长三角都市圈内城市竞合发展研究 ［D］. 上海：华东师范大学 .

刘清 . 2006. 中心城市物流能力的测算与比较研究 ［J］. 科技进步与对策，（8）：172-174.

刘小红 . 2004. 城市竞争力理论与陕西省 10 个中心城市竞争力实证研究 ［D］. 西安：西安建筑科技大学 .

刘艳军，李诚固，孙迪 . 2006. 区域中心城市城市化综合水平评价研究——以 15 个副省级城市为例 ［J］. 经济地理，（2）：225-229.

刘耀彬，张安军 . 2009. 江西省城市中心性测度及其中心城市选取分析 ［J］. 商业研究，（7）：208-209.

刘与任 . 1986. 重视省际接壤地区发展战略的研究 ［J］. 瞭望周刊，（39）：30.

刘玉亭，张结魁 . 1999. 省际毗邻地区开发模式探讨 ［J］. 地理学与国土研究，（4）：45-49.

龙灿 . 2009. 我国区域经济发展中地方政府间竞合关系研究 ［D］. 长沙：湖南大学 .

陆大道 . 1995. 区域发展及其空间结构 ［M］. 北京：科学出版社 .

陆大道 . 2001. 论区域的最佳结构与最佳发展——提出"点–轴系统"和"T"型结构以来的回顾与再分析 ［J］. 地理学报，（2）：127-135.

陆大道 . 2002. 关于"点–轴"空间结构系统的形成机理分析 ［J］. 地理科学，（1）：1-6.

陆玉麒，董平 . 2013. 区域竞合论——区域关系分析的新视角 ［J］. 经济地理，（9）：1-5.

罗惠 . 2012. 长株潭城市群现代农业发展研究 ［D］. 长沙：湖南农业大学 .

马小宁 . 2007. 洛杉矶：从地区性中心城市到全球性城市的研究 ［J］. 人文地理，（2）：92-97.

毛汉英，方创琳 . 1998. 兖滕两淮地区采煤塌陷地的类型与综合开发生态模式 ［J］. 生态学报，（5）：3-8.

毛月平，加年丰 . 2004. 中心城市与区域经济协调发展研究——以晋城为例 ［J］. 经济问题，（9）：14-16.

孟德友，陆玉麒 . 2012. 中部省区制造业区域专业化分工与竞合关系演进 ［J］. 地理科学，

（8）：913-920.

米文宝，廖立君.2003.试论西部欠发达地区区域中心城市建设——以银川市为例［J］.银川：第九次中国青年地理工作者学术研讨会.

莫菁洁，王晓东.2010.关于区域中心城市物流节点空间布局规划的思考［J］.商业时代，（3）：32-62.

倪鹏飞.2003.中国城市竞争力报告NO.1推销：让中国城市沸腾［M］.北京：社会科学文献出版社.

宁登，蒋亮.1998.中国国际性中心城市发展的战略问题研究［J］.城市规划汇刊，（2）：13-16.

宁越敏.1991.新的国际劳动分工世界城市和我国中心城市的发展［J］.城市问题，（3）：18-21.

宁越敏.2011.中国都市区和大城市群的界定——兼论大城市群在区域经济发展中的作用［J］.地理科学，（3）：257-263.

宁越敏，严重敏.1993.我国中心城市的不平衡发展及空间扩散的研究［J］.地理学报，48（2）：97-104.

牛慧恩，孟庆民，胡其昌，等.1998.甘肃与毗邻省区区域经济联系研究［J］.经济地理，（3）：51-56.

牛彦军.2004.建设区域城市　发展区域经济　打造区域中心——对发展安阳周边城市群，建设区域中心城市的探讨［C］.郑州：河南省第四届青年学术年会.

潘竟虎，石培基，董晓峰.2008.中国地级以上城市腹地的测度分析［J］.地理学报，（6）：635-645.

潘永，朱传耿.2007.江苏省与其毗邻省市空间竞合模式研究［J］.地理与地理信息科学，（4）：62-65.

钱天鹏.2009.重庆作为长江上游旅游中心城市构建研究［D］.重庆：西南大学.

青岛发挥中心城市带动作用研究课题组.2005.以中心城市为核心推进区域经济一体化发展［J］.青岛科技大学学报（社会科学版），（3）：1-5.

青岛发挥中心城市带动作用研究课题组.2006.青岛构建区域中心城市的战略探索［J］.青岛科技大学学报（社会科学版），（3）：7-11.

荣丽华.2015.内蒙古锡盟南部区域中心城市空间发展研究［D］.西安：西安建筑科技大学.

尚正永，蒋伟.2008.省际边界区域中心城市定位研究——以江苏省徐州市为例［J］.淮阴师范学院学报（自然科学版），（1）：82-86.

尚正永，刘传明，白永平，等.2010.省际边界区域发展的空间结构优化研究——以粤闽湘赣省际边界区域为例［J］.经济地理，（2）：183-187.

邵春福.2008.交通经济学［M］.北京：人民交通出版社.

沈镭.1998.川滇藏接壤区矿产资源开发与可持续发展［J］.中国地质矿产经济，（11）：2-6.

沈立人.1998.地方政府的经济职能和经济行为［M］.上海：上海远东出版社.

司林杰.2014.中国城市群内部竞合行为分析与机制设计研究［D］.成都：西南财经大学.

宋锋华.2010.西部中心城市可持续发展风险评价研究［J］.干旱区资源与环境，(2)：22-28.

宋河有.2007.基于全省旅游中心城市定位的郑州旅游业发展研究［D］.青岛：青岛大学.

宋家泰，顾朝林.1988.城镇体系规划的理论与方法初探［J］.地理学报，(2)：97-107.

孙斌栋，胥建华，冯卓琛.2008.辽宁省城市中心性研究与城市发展［J］.人文地理，(2)：
77-81.

唐楠.2015.资源型城市产业转型研究［D］.西安：西北大学.

陶犁.2001.论昆明旅游中心城市功能的发挥［J］.经济问题探索，(12)：117-120.

滕飞.2016.中心城市互动引领省际交界地区合作发展——以苏鲁豫皖交界地区为例［J］.经济研究参考，(22)：45-49.

藤田昌久，Krugman P R，Venables A V.2001.The Spatial Economy：Cities，Regions，and International Trade［M］.Cambridge：MIT Press.

天域北斗数码科技有限公司.2015.中国高速公路及城乡公路网地图集［M］.北京：中国地图出版社.

铁殿君.2006.安阳建立豫北区域性中心城市分析［D］.北京：对外经济贸易大学.

佟庆.2004.1990 年以来西北地区中心城市竞争力比较研究［D］.西安：西安建筑科技大学.

万幼清，王云云.2014.产业集群协同创新的企业竞合关系研究［J］.管理世界，(8)：175-176.

汪德根，陆林，陈田，等.2005.基于点—轴理论的旅游地系统空间结构演变研究——以呼伦贝尔—阿尔山旅游区为例［J］.经济地理，(6)：904-909.

汪磊，罗蓉，王志凌.2009.因子聚类分析在西部中心城市经济发展评价中的应用［J］.经济研究导刊，(24)：152-154.

王常凯.2015.中国制造业新型化动态特征及收敛性研究［D］.南京：东南大学.

王成新，郝兆印，姚士谋，等.2012.城市群时代中心城市的影响腹地界定研究——以济南市为例［J］.人文地理，(4)：78-82.

王德，程国辉.2006.我国省会城市势力圈划分及与其行政范围的叠合分析［J］.现代城市研究，(6)：4-9.

王德，项曰丙.2006.中心城市影响腹地的动态变化研究［J］.同济大学学报（自然科学版），(9)：1175-1179.

王德，赵锦华.2000.城镇势力圈划分计算机系统的开发研究与应用——兼论势力圈的空间结构特征［J］.城市规划，(12)：37-41.

王桂圆，陈眉舞.2004.基于 GIS 的城市势力圈测度研究——以长江三角洲地区为例［J］.地理与地理信息科学，(3)：69-73.

王合生，李昌峰.2000.长江沿江区域空间结构系统调控研究［J］.长江流域资源与环境，(3)：269-276.

王何，逄爱梅.2003.我国三大都市圈域中心城市功能效应比较［J］.城市规划汇刊，（2）：
72-76.

王花兰，周伟，王元庆.2006.中心城—卫星城间交通发展对城市空间扩展影响模型［J］.经
济地理，（4）：594-597.

王健，鲍静，刘小康，等.2004."复合行政"的提出——解决当代中国区域经济一体化与行
政区划冲突的新思路［J］.中国行政管理，（3）：44-48.

王力.1991.论城市体系研究——回顾与展望［J］.人文地理，（1）：35-43.

王茂军，张学霞，齐元静.2005.近50年来山东城市体系的演化过程——基于城市中心性的分
析［J］.地理研究，（3）：432-442.

王麒麟.2014.城市行政级别与城市群经济发展——来自285个地市级城市的面板数据［J］.
上海经济研究，（5）：75-82.

王瑞军.2013.基于省域视角的中国交通运输对区域经济发展影响研究［D］.北京：北京交通
大学.

王伟.2008.中国三大城市群空间结构及其集合能效研究［D］.上海：同济大学.

王晓琦.2007.东北四大中心城市空间结构比较研究［D］.长春：东北师范大学.

王莹，李明生.2007.对长沙城市中心性的分析［J］.长沙铁道学院学报（社会科学版），
（1）：72-74.

王友云，陈琳.2015.省际边界中心城市建设：定位与路径［J］.开放导报，（1）：109-112.

王赟赟，马文军.2009.国际性中心城市规划建设指标体系的比较研究——以上海为例［J］.
城市发展研究，（2）：52-58.

王振波，徐建刚，朱传耿，等.2010.中国县域可达性区域划分及其与人口分布的关系［J］.
地理学报，（4）：416-426.

魏伟，欧胜兰，王小丹.2009.中部六省中心城市竞争力实证分析［J］.中外建筑，（10）：76-78.

温洁洁.2007.珠三角城市群中心城市竞争和功能联系研究［D］.广州：暨南大学.

吴得文，汤小华，王春菊.2004.海峡西岸繁荣带城市中心性研究——以福州为例［J］.海南
师范学院学报（自然科学版），（3）：292-297.

吴良亚.2011.永川构建区域中心城市的评价与路径研究［D］.重庆：西南大学.

吴威，曹有挥，曹卫东，等.2007.开放条件下长江三角洲区域的综合交通可达性空间格
局［J］.地理研究，（2）：391-402.

吴艳丽，刘兆德.2010.山东省城市中心性及城市发展研究［J］.国土与自然资源研究，（1）：
8-9.

武旭，胡思继，崔艳萍，等.2005.交通运输与经济协调发展评价的研究［J］.北京交通大学
学报（社会科学版），（2）：10-14.

武杨.2006.中心城市综合实力的主成分分析［J］.统计与决策，（6）：90-92.

夏谊.2007.温州中心城市功能重构［J］.城市问题，（12）：51-54.

肖振西 . 2007. 边缘城市建设区域性中心城市模式探究——以河南省安阳市为例 ［J］. 经济问题探索，（10）：110-113.

谢守红，罗红梅 . 2006. 我国中部地区中心城市竞争力比较分析 ［J］. 城市问题，（2）：64-67.

谢永琴 . 2001. 发挥中心城市作用 带动西部区域经济发展 ［J］. 中国人口·资源与环境，（S2）：52-54.

信颖 . 2005. 城镇网络体系与区域经济发展互动关系研究 ［D］. 大连：东北财经大学 .

修春亮，祝翔凌 . 2005. 地方性中心城市空间扩张的多元动力—基于葫芦岛市的调查和分析 ［J］. 人文地理，（2）：9-12.

徐超平 . 2008. 中心还是外围——新时期区域中心城市空间发展重点的思考 ［C］. 大连：2008 中国城市规划年会 .

徐慧超，韩增林，赵林，等 . 2013. 中原经济区城市经济联系时空变化分析——基于城市流强度的视角 ［J］. 经济地理，（6）：53-58.

徐康宁，王剑 . 2006. 自然资源丰裕程度与经济发展水平关系的研究 ［J］. 经济研究，（1）：78-89.

徐勇，彭芳春，尹华阳 . 2007. 中心城市产业结构升级与城市化进程互动关系实证分析——以武汉市为例 ［J］. 特区经济，（12）：184-185.

许迎华 . 2001. 对西安、重庆、成都城市中心性的分析 ［J］. 人口与经济，（6）：43-47.

薛凤旋，杨春 . 1997. 香港–深圳跨境城市经济区之形成 ［J］. 地理学报，（S1）：16-27.

薛丽芳，欧向军，谭海樵 . 2009. 基于熵值法的淮海经济区城市中心性评价 ［J］. 地理与地理信息科学，（3）：63-66.

闫卫阳，王发曾，秦耀辰 . 2009. 城市空间相互作用理论模型的演进与机理 ［J］. 地理科学进展，（4）：511-518.

闫小培，钟韵 . 2005. 区域中心城市生产性服务业的外向功能特征研究——以广州市为例 ［J］. 地理科学，（5）：27-33.

杨东晨 . 1997. 论夏商周时期湘鄂赣的民族和文化 ［J］. 益阳师专学报，（2）：81-84.

杨逢珉，孙定东 . 2007. 欧盟区域治理的制度安排——兼论对长三角区域合作的启示 ［J］. 世界经济研究，（5）：82-85.

杨皖苏，严鸿和 . 2007. 安徽省旅游中心城市现状与发展对策研究 ［J］. 人文地理，（6）：105-108.

杨吾杨 . 1986. 交通运输地理学 ［M］. 北京：商务印书馆 .

杨新海，王勇 . 2006. 城市管治与地区中心城市竞争力的提升 ［J］. 城市问题，（5）：77-81.

杨燕新，曹毅 . 2014. 基于分形理论的晋中城镇化体系和经济发展区域差异研究 ［J］. 山西农业科学，（6）：629-632.

尹少华，冷志明 . 2008. 基于共生理论的"行政区边缘经济"协同发展——以武陵山区为例 ［J］. 经济地理，（2）：242-246.

尹稚，林澎，林文棋，等．2001．机遇与挑战中发展的广州——从中心城市到现代化网络型城市群体中的重要核心城市［J］．城市规划，（3）：16-19.

于淑娟，石静．2008．发展城市物流，增强中心城市的辐射力［J］．中国市场，（28）：81-83.

俞勇军，陆玉麒．2005．省会城市中心性研究［J］．经济地理，（3）：352-357.

袁晓玲，范玉仙．2012．城市流强度时空动态研究——以陕西省为例［J］．城市问题，（8）：30-35.

岳虹辰．2002．中心城市区域调控模式及相关体制创新研究［D］．郑州：郑州大学.

岳利萍．2007．自然资源约束程度与经济增长的机制研究［D］．西安：西北大学.

曾安，杨英．2009．区域中心城市现代服务业发展的混合模式与路径［J］．四川兵工学报，（4）：148-150.

曾鹏，蒋团标．2006．基于中心城市功能定位下的广西生产力再布局［J］．改革与战略，（2）：1-4.

詹斌．2007．中心城市泛区域道路运输一体化研究［D］．武汉：武汉理工大学.

张超．2008．基于流量经济的中心城市交易效率研究［D］．重庆：重庆大学.

张复明．2001a．工矿区域城市化模式研究——以山西省为例［J］．经济地理，（4）：418-422.

张复明．2001b．区域性交通枢纽及其腹地的城市化模式［J］．地理研究，（1）：48-54.

张复明，景普秋．2007．资源型区域中心城市的产业演进与城市化发展——以太原市为例［J］．中国人口·资源与环境，（2）：121-126.

张海峰．2009．基于区域空间结构的中心城市流量经济效应研究——以西宁市为例［D］．兰州：西北师范大学.

张虹鸥，叶玉瑶，罗晓云，等．2004．珠江三角洲城市群城市流强度研究［J］．地域研究与开发，（6）：53-56.

张莉，陆玉麒．2006．基于陆路交通网的区域可达性评价——以长江三角洲为例［J］．地理学报，（12）：1235-1246.

张敏．1998．江苏省中心城市的发展差异及其区域发展战略［J］．城市发展研究，（6）：34-38.

张善信．2001．淮海经济区城市化与中心城市问题解析［J］．中国软科学，（3）：103-107.

张文尝，金凤君，樊杰．2002．交通经济带［M］．北京：科学出版社.

张文忠，王岱，余建辉．2011．资源型城市接续替代产业发展路径与模式研究［J］．中国科学院院刊，（2）：134-141.

张学良．2013．中国区域经济转变与城市群经济发展［J］．学术月刊，（7）：107-112.

张亚斌，黄吉林，曾铮．2006．城市群、"圈层"经济与产业结构升级——基于经济地理学理论视角的分析［J］．中国工业经济，（12）：45-52.

张艳．2007．西部资源型城市循环经济发展研究［D］．北京：中央民族大学.

张臻．2013．区域中心城市的形成机理与评价研究——以武汉创建国家中心城市为例［D］．武汉：武汉理工大学.

张震龙 . 2005. "两湖"平原经济一体化发展战略研究 [D]. 武汉：华中科技大学 .

张志斌，靳美娟 . 2005. 中国西部省会城市中心性分析 [J]. 人文地理，(1)：14-18.

张智林 . 2006. 改革开放以来广州市中心城市地位的变迁研究 [J]. 西北师范大学学报（自然科学版），(4)：92-96.

赵从芳 . 2009. 我国区域经济中地方政府竞合关系研究 [D]. 秦皇岛：燕山大学 .

赵琪 . 2004. 中心城市可持续发展的成本研究——以长春市为例 [D]. 长春：东北师范大学 .

赵群毅 . 2009. 全球化背景下的城市中心性：概念、测量与应用 [J]. 城市发展研究，16 (4)：76-82.

赵勇，白永秀 . 2012. 中国城市群功能分工测度与分析 [J]. 中国工业经济，(11)：18-30.

郑继承 . 2013. 区域经济一体化背景下我国城市群发展的战略选择——基于我国"十二五"规划区域协调发展的理论探讨 [J]. 经济问题探索，(3)：73-81.

郑涛，樊丽丽 . 2010. 京津冀地区城市流强度时空动态实证研究 [J]. 城市发展研究，(3)：143-146.

周诚君，陈雯，张京祥 . 2001. 区域金融中心：杭州城市发展的战略选择 [J]. 上海经济研究，(11)：64-70.

周春应，黄涛珍 . 2005. 中心城市社会经济发展水平的综合评价 [J]. 商业研究，(19)：37-40.

周凡 . 2011. 基于熵值法的长株潭城市中心性研究 [J]. 宁夏大学学报（自然科学版），(3)：275-278.

周青浮，范荣华 . 2015. 省际边界毗邻地区市域经济发展若干问题实证研究 [M]. 成都：西南交通大学出版社 .

周伟，王花兰，王元庆 . 2006. 基于中心城市经济扩散效应的卫星城市规划 [J]. 长安大学学报（自然科学版），(5)：103-107.

周一星，张莉，武悦 . 2001. 城市中心性与我国城市中心性的等级体系 [J]. 地域研究与开发，(4)：1-5.

朱传耿，仇方道，孟召宜 . 2012. 省际边界区域协调发展研究 [M]. 北京：科学出版社 .

朱传耿，王振波，仇方道 . 2006. 省际边界区域城市化模式研究 [J]. 人文地理，(1)：1-5.

朱帆 . 2001 浅析城镇体系与区域经济发展的关系 [J]. 当代建设，(2)：13.

朱俊成 . 2005. 江西省区域中心城市产业竞争力比较 [J]. 统计与决策，(22)：49-51.

朱翔，徐美 . 2011. 湖南省省际边界中心城市的选择与培育 [J]. 经济地理，(11)：1761-1767.

朱英明，于念文 . 2002. 沪宁杭城市密集区城市流研究 [J]. 城市规划汇刊，(1)：31-33.

邹君 . 2005. 湖南省中心城市竞争力比较研究 [J]. 云南地理环境研究，(5)：79-83.

Anderson J B. 2003. The U. S. -Mexico border：a half century of change [J]. Social Science Journal，40 (4)：535-554.

Anderson J，O'Dowd L. 1999. Borders，border regions and territoriality：contradictory meanings，changing significance [J]. Regional Studies，33 (7)：593-604.

Berry B J L. 1961. City size distribution and economic development [J]. Economic Development and Cultural Change, 9 (4): 573-588.

Borraz F, Cavallo A, Rigobonet R, et al. 2016. Distance and political boundaries: estimating border effects under inequality constraints [J]. International Journal of Finance and Economics, 21 (1): 3-35.

Boudeville J R. 1966. Planning, Problems Of Regional Economic [M]. Edinburgh: Edinburgh University Press.

Bröcker J. 1984. How do international trade barriers affect interregional trade? Regional and Industrial Development Theories [M]. Holland: Elsevier Science Publishers.

Christaller W. 1966. Central Places in Southern Germany [M]. New Jersey: Prentice-Hall.

Cui P, Wu X. 2011. Study on the radiation of central city in the border area of provinces based on Voronoi diagram: A case study of Yulin city in Shaanxi province [C]. Proceedings of the 2011 International Conference on Remote Sensing, Environment and Transportation Engineering (RSETE 2011).

Derudder B, Witlox F. 2004. Assessing central places in a global age: on the networked localization strategies of advanced producer services [J]. Journal of Retailing and Consumer Services, 11 (3): 171-180.

Du G Q. 2000. Using GIS for analysis of urban systems [J]. GeoJournal, 52 (3): 213-221.

El-Shakhs S. 1972. Development primacy and systems of cities [J]. Journal of Developing Areas, 7 (1): 11.

Gil Pareja S, Llorca-Vivero R, Oliver-Alonso J, et al. 2010. The border effect in spain [J]. World Economy, 28 (11): 1617-1631.

Gorodnichenko Y, Tesar L. 2009. Border effect or country effect? Seattle may not be so far from vancouver after all [J]. Social Science Electronic Publishing, 1 (1): 219-241.

Hanson G H. 1996. Economic integration, intraindustry trade, and frontier regions [J]. European Economic Review, 40 (3-5): 941-949.

Hansen W G. 1959. How accessibility shapes land use [J]. Journal of the American Institute of Planners, 25: 73-76.

Head K, Mayer T. 2000. Non-Europe: The magnitude and causes of market fragmentation in the EU [J]. Review of World Economics, 136 (2): 284-314.

Hoover E M, Giarratani F. 1985. An Introduction to Regional Economics [M]. New York: Knopf.

Huff D L, Lutz J M. 1989. Urban spheres of influence in ghana [J]. Journal of Developing Areas, 23 (2): 201-220.

Irwin M D, Hughes H L. 1992. Centrality and the structure of urban interaction: measures, concepts, and applications [J]. Social Forces, 71 (1): 17-51.

Lasuén J R. 1973. Urbanisation and development- the temporal interaction between geographical and sectoral clusters [J]. Urban Studies, 10 (2): 163-188.

Llano- Verduras C, Minondo A, Requena- Silvente F. 2010. Is the border effect an artefact of geographical aggregation? [J]. World Economy, 34 (10): 1771-1787.

Lutz J M, Huff D L. 1995. Change and continuity in the Irish urban system: 1966-1981 [J]. Urban Studies, 32 (1): 155-173.

Niebuhr A, Stiller S. 2002. Integration effects in border regions- a survey of economic theory and empirical studies [R]. Hwwa Discussion Papers: 23.

Porter M E. 2005. 竞争优势 [M]. 陈小悦, 译. 北京: 华夏出版社.

Preston R E. 1970. Two centrality models [J]. Yearbook of the Association of Pacific Coast Geographers, 32: 59-78.

Ricardo D. 2013. 政治经济学及赋税原理 [M]. 郭大力, 译. 北京: 北京联合出版公司.

Shaw R P. 1980. Bending the urban flow: a construction- migration strategy [J]. International Labour Review, 119 (4): 467-480.

Smith A. 2011. 国富论 [M]. 郭大力, 译. 南京: 译林出版社.

Van Houtum H J. 2000. An overview of european geographical research on borders and border regions [J]. Journal of Borderlands Studies, 15 (1): 41.

Wrona J. 2015. Border effects without borders: what divides Japan′s internal trade? [J]. Dice Discussion Papers.

Wu X, Cui P. 2016. Research on traffic accessibility of Yellow River Golden Triangle Area based on GIS [C]. 2nd International Conference on Environmental Pollution and Public Health (EPPH 2016).

Yu D, Liu S H, Li W, et al. 2010. Field modeling method for identifying urban sphere of influence: a case study on Central China [J]. Chinese Geographical Science, 20 (4): 353-362.